中国和式创新
引领未来

李 华 著
Richard Li-Hua

China's Embracing Innovation
Leading to the Future

企业管理出版社
ENTERPRISE MANAGEMENT PUBLISHING HOUSE

图书在版编目（CIP）数据

中国和式创新：引领未来 / 李华著 . —北京：企业管理出版社，2017.11

ISBN 978-7-5164-1617-4

Ⅰ . ①中… Ⅱ . ①李… Ⅲ . ①企业创新－研究－中国 Ⅳ . ① F279.23

中国版本图书馆 CIP 数据核字（2017）第 274801 号

书　　名：	中国和式创新：引领未来
作　　者：	李　华
责任编辑：	陈　静
书　　号：	ISBN 978-7-5164-1617-4
出版发行：	企业管理出版社
地　　址：	北京市海淀区紫竹院南路 17 号　　邮编：100048
网　　址：	http://www.emph.cn
电　　话：	编辑部（010）68701661　发行部（010）68701816
电子信箱：	78982468@qq.com
印　　刷：	北京画中画印刷有限公司
经　　销：	新华书店
规　　格：	170 毫米 ×240 毫米　16 开本　19.5 印张　194 千字
版　　次：	2017 年 11 月第 1 版　2017 年 11 月第 1 次印刷
定　　价：	68.00 元

版权所有　翻印必究　·　印装有误　负责调换

推荐序

向世界说明中国

习近平同志2014年5月4日在北京大学师生座谈会上的讲话中指出："中华文明绵延数千年，有其独特的价值体系。中华优秀传统文化已经成为中华民族的基因，植根在中国人内心，潜移默化影响着中国人的思想方式和行为方式。"

中国改革开放以来，在不到40年的时间里完成了欧美几乎百年才实现的进步。中国已成为世界上第二大经济体。国际社会用"奇迹"来描述中国的巨大发展成就。中国已经走向世界舞台的中心。中国的成功引起世界瞩目。与世界分享发展机遇和创新机遇乃中国荣耀，世界期盼。讲好中国故事，是世界接纳中国的前提，要让不同历史、不同文明、不同文化背景的各国人民了解中国、认识中国、理解中国。中国必须努力同世界各种文明、外国各界朋友，平等对话、友好交流、和睦相处、求得更多的共识。

中国崛起往往让人联想起历史上西方大国的崛起。然而中国崛起与西方大国崛起不是同一个概念。国内外对中国崛起的一些误读和误解是中国发展对外关系和参与环球治理的绊脚石，势必阻碍世界对中国发展道路的理解。西方世界里，中国"威胁论"和"崩溃论"的出现，一方面是西方世界很多人放不下对中国的傲慢与偏见，还背着沉重的意识形态包袱，很难真正认识中国；还有一种趋向，把中国经济的快速发展描述为"经济怪物"和"山寨大国"。另一方面，中国也确实需要讲好、讲完善中国故事，增强哲学和创新的话语权，提高自身构建叙事的能力。全面深化改革需要鉴往知来，攻坚克难离不开历史明鉴，继往开来离不开理念导航，世界呼唤中国的创新模式和中国和平崛起的理论。

中国崛起背后的动力是什么？中国由衰到强是不争的事实，但这种转变和崛起是突然爆发的，还是有深厚的历史和文化根基？如果是前者，那么其兴也勃，其衰也忽。如果是基于长期的历史积淀和坚实的文化基础，并抓住创新契机，找到重大的解决方案，那么这转变和崛起就具有传承性和历史的延续性，必然有可持续发展。

李华教授以其对于东西方巨大变革的观察，对于中国技术战略、创新战略、中国竞争力和可持续发展的研究，出版《中国和式创新：引领未来》新作，以海外看中国的独特视角，以历史和哲学的视角，从创新管理的战略高度，破解中国经济持续、高速、稳固发展之谜，剖析中国社会、政治、经济、环境可持续发展之根，解读中国创新模式，阐释中国和平崛起。它从学术和理论上"向世界说明中国"是一个有益的探索，希望获得成功。

中国和式创新深刻地阐释了中国创新模式的包容性、传承性、开放性和独特性，也符合客观世界普遍联系的规律和世界未来发展的趋势。泰山不让土壤，故能成其大；河海不择细流，故能就其深。本书从一个全新的角度"向世界说明中国，让世界了解中国"，有说服力，很值得一读。

孔根红博士
《瞭望中国》执行社长

自序

从布朗斯酒吧到皇家巴斯酒店

在过去的两年里,由于处于搬家过程中没有固定的场所,我常常和太太露西还有儿子阿雷克斯(Alex)往返于剑桥(剑桥大学)Judge 商学院的布朗斯酒吧(Browns Cambridge)和伯恩茅斯皇家巴斯酒店(Royal Bath Hotel)之间。不知道出于何种原因,我特别地喜爱和沉醉于这两个地方。我在这里度过了很多的时间,写作、研究、会谈、早餐、午餐和晚餐,红酒和威士忌。

英国剑桥布朗斯酒吧

太太开车，我常常思考，我要写一本有价值的书（至少我这么想）。这是一本东西方读者都喜爱的书（先是中文版，再是英文版），一本期盼能影响世界的书，引领未来的书。这本书不仅内容丰富，而且形式不能死板，要有创新，内容有吸引力和感染力，形式也要新颖。这是一本首次全面介绍"中国和式创新"理论的书，但我不想让这本书仅仅充斥着干巴巴的理论，我想让读者喜欢它，感觉它有血、有肉、有温度。因此，这本书将涵盖我的生活、学习、研究、思考、访谈。如果你能展开想象的翅膀，你会感觉它有时像学术论著，有时像游记，有时像小说，有时像日记。而"自序"更像我的哲学笔记。从这里可以看出，人是很渺小，但也是很伟大的。每一个人都是历史的参与者、亲历者，但也可以改变历史，创造历史。这是一本有关创新的书，它探索中国的创新模式，它阐释中国和平崛起的路径。它必然涵盖中国企业的崛起，大学的崛起，城市的崛起，高铁的崛起……然而，它不在于阐释中国崛起的现象和事实，不在于阐释中国崛起给世界带来的变化和影响，更着重于回答中国是如何崛起的。它从理论上阐释中国的和平崛起，从学术上破解近40年中国经济持续、高速、稳固增长之谜，剖析中国社会、政治、经济、环境可持续发展之根。

向世界昭示中国和平崛起是非常重要的。中国过去40年走和平发展的道路强劲崛起，以后仍将以和平姿态走和平发展道路。世界能够了解中国和平崛起的路径是非常重要的。这需要用中国和世界都能听得懂的语言向世界说明中国，讲述中国的故事，构建叙事能力。"中国和式创新"引领中国的政治、社会、经济和环境可持续发展。它是中国和平崛起的战略途径，它从理论上破解崛起大国势必挑战守成大国的魔咒。它从理论上正面回应"文明冲突论"和"中美必有一战"都是站不住脚的伪命题。中国和平崛起决不跌入修昔底德陷阱。

相信这本书的受众是非常广泛的，因此本书的写作方式也并不拘泥于形式。

作者人生轨迹的重要节点

1978年对于我来说是终生难忘的一年，那一年中断了10年的中国高考制度得以恢复。通过高考，我开启了大学四年的学习生活。这是我人生成长轨迹的重要节点。更重要的是，这一年中国开启了被邓小平称为"马克思没有讲过，前人没有做过，其他国家没有干过"的改革开放——我把它称为中国特色的实践创新——中国和式创新。一位学者曾经感慨，人类21世纪是从1978年开启的。这一提法得到很多有识之士的认可。东西方世界为什么对这一论断给予高度认可？1978年开启的改革开放引领中国的和平崛起。毫无疑问，它成为世界历史上的大事件，开启了世界上最古老、最大的发展中国家——中国——走向变革的伟大航程。它深刻影响了当今世界的历史进程，改变了世界的格局，为现代社会、政治、经济和环境可持续发展找到了路径。

作者人生的重大转折

1997年，我辞去国有企业的董事长和总经理职务，离开中国来到了英国的纽卡斯尔，开启了四年的博士研究生活。我是带着问题来做研究的。从企业界走到学术界，这对于我的人生发展来讲，是一次飞跃。巧合的是这一年香港回归。香港回归后，很多西方人常常带着怀疑的眼光看中国。他们认为，中国承诺的"一国两制"或许是孙武式的中国战略——中国人擅长《孙子兵法》。然而20年过去了，情况如何呢？中国在处理香港问题上确有独到之处，香港回归后的政治体制与司法体制保持了独立性。中国对于香港问题的解决是一种和式创新，是共建、共享、共赢的战略模式，可以称为一种文明、两种制度、多种政体、多元文化并存的模式。

人生的转折与升华

2016年，这一年的夏天我辞去了曾经钟情的大学校长的位置。2013年夏天，纽约的一家猎头公司问我对中国新郑的一所中美合作大学的校长位置是否有兴趣。我发去了申请。在经历了海选、面试、投票后，我有幸成为中国首位全球选聘的海归校长。学校美丽的校园和富有创新思维的大学愿景吸引我投入这份工作。就这样我在离开中国16年后又回到中国。2016年我选择离开大学校长的位置，又回到了西方，成为一名普通的教授。至此，我拥有了一个完整的简历——从东方到西方，从西方到中国，再由中国回到西方，从地理和空间来讲，这是一个非常完满的周期。从职业生涯角度和领导力发展过程来讲也是一个完满的过程。从大学校门到企业，从企业到学校，从企业的董事长和总经理到博士生，从大学教授到大学校长，我渴望了解东西方，对东西方创新、东西方管理、东西方经济、东西方文化、东西方历史、东西方哲学和东西方战略充满兴趣。我觉得这一切对于我这个战略学者来讲是求之不得的职业生涯和理念思想的升华。

转眼之间我回到英国近两年了。这两年，就工作、学习、研究和访谈而论，我在位于紧靠剑桥大学 Judge 商学院的布朗斯酒吧和伯恩茅斯皇家巴斯酒店度过了愉快而富有意义和成效的时光。这些日子里，我思考最多的问题就是：英国是亚当·斯密的故乡，从他的名著《道德论》和《国富论》，我们了解到市场经济和自由贸易推动了西方社会的繁荣富强。英国无疑是自由贸易和全球化的故乡。然而，2016 年英国脱欧与反脱欧力量进行较量的同时，美国弹劾与反弹劾特朗普的力量进入拉锯战。

为什么自由贸易诞生的故乡出现反对自由贸易的声音？

为什么全球化诞生的故乡正掀起反对全球化的浪潮？

亚当·斯密的经济理论是否已过时？

相信读者在本书中都会找到答案。

东西方的角色已经发生了转换，中国正在成为世界舞台上最重要的角色之一，中国正在携华夏五千年文明和创新重返世界之巅。

2016年金秋10月，我所创建的"中国技术管理学会"（China Association for Management of Technology，CAMOT）在剑桥大学迎来10周年华诞。与此同时，"中国技术管理学会"在剑桥大学与剑桥大学工程学院和全球制造研究院成功举办了第七届年会。2006年5月25日，我和一批来自东西方的志同道合的技术管理和创新学者在清华大学召开的"国际技术管理学会"（International Academic for Management of Technology，IAMOT）年会上发起成立了"中国技术管理学会"。随后，我们还发起了由英国Emerald Insight出版的《中国技术管理》（*Journal of Technology Management in China*）学术期刊。"中国技术管理学会"就像一只小船，随着中国地位的提高，它的地位也不断提高，它已经成为世界知名的学术组织。

"中国技术管理学会"（www.camot.org）为成为联合国学术影响组织（http://academicimpact.org/index.php）的战略合作伙伴而感到自豪。"中国技术管理学会"全力支持联合国学术影响10大原则。学会将推进所有会员在全世界的高等教育中推广这些原则。我们真诚地相信，这些原则在世界和平与和谐社会的建设过程中至关重要。"中国技术管理学会"与"国际技术管理学会"（www.iamot.org）和"国际技术管理论坛（IFTM）"相结合，并为其会员和这一领域的职业人士以及学术科研人员提供交流合作平台。继2006年成功发起《中国技术管理》学术期刊之后，IAMOT，IFTM及CAMOT会员之间有着密切的互动。

"中国技术管理学会"是一个非营利性国际学术组织。它致力于鼓励和支持研究人员和专业人士参与研究中国技术与创新的战略管理，旨在建立国家间、区域间和国际间合作研究项目，包括技术管理、技术转移、技术创新，政府机构、资助机构、教育机构、国有企业（SOEs）以及私营企业的知识转移。"中国技术管理学会"强调与时俱进，跟随技术变革和创新的快速步伐以及不断涌现出来的全球新商业模式。技术管理（MOT）是提高竞争力和打造繁荣中国的重要战略工具，"中国技术管理学会"相信存在着建立适当的技术管理和创新的基础设施，策略和机制的需要，以支持在全中国范围内技术管理和创新原则的推广，而且也存在着解决现有技术管理差距的需要。这些将有助于中国的可持续发展和成功的技术转移及技术创新。

英国"剑桥中国创新研究院"专注于中国创新研究，致力于探索中国的创新模式，是一个中西合璧、融合东西方管理思想和智慧的智库。它在环球高新技术转移和创新的心脏，汇集东西方管理、创新学者和思想家；它致力于为21世纪的环球高等教育和国际商务提供战略卓识和创新思维。可喜的是，"中国技术管理学会"和"剑桥中国创新研究院"2016年双双在剑桥落地，办公和注册地都落在了剑桥大学圣约翰创新中心。

就世界格局而论，2016年是具有标志性的一年。世人把英国脱欧和特朗普当选称为"黑天鹅逆袭"。2016年6月英国公投脱欧，11月特朗普当选为美国第45任总统。西方在寻求可持续发展方面的无助、无果、无望、无奈导致英国的脱欧和特朗普的当选，致使在西方特别是英国和美国，在全球化的故乡，掀起反全球化的浪潮。作为经济全球化的积极参与者和坚定支持者、重要建设者和主要受益者，中国在未来经济全球化进程中的作用令世界期待。今天中国经济是同期世界经济年均增长率的3倍多，经济总量跃居世界第二，出口总额跃居世界第一，外汇储备世界第一。就购买力平价法计算（Purchasing Power Parity，PPP），2014年中国经济体量已经超越美国，居世界第一。2016年《财富》500强企业中，中国企业占据了110个席位，包括中国的国有企业：中国石油、中国石化和中国国家电网等，以及私营企业，如京东、美的和万达等。

中国在20世纪70年代末开启改革开放后的近40年中，经济一路攀升，持续、高速和稳固增长。中国加入WTO，5亿中国人摆脱绝对贫穷，被称为人类历史上规模最大的脱贫案例。中国实现了人民生活从贫困到温饱再到决胜全面建成小康社会的历史性跨越。人类历史上还从未有过在如此短的时间、在这样大的国家推进现代化的先例，"中国奇迹"创造了发展速度最快、经济实力提升最强的记录，"谱写了人类历史上最重大的国家成就的篇章"。

在这一时期，我也在思考另外一个问题：自1872年超越英国以来，美国一直是全球最大经济体，在引领世界近200年后，是如何走向衰弱的？

英国伯恩茅斯皇家巴斯酒店

两年多时间里，我在剑桥布朗斯酒吧和伯恩茅斯皇家巴斯酒店里，多次约见了对这一问题有着浓厚兴趣的朋友和同事。与此同时，我去中国、美国和中东的访问时也约谈了很多关心这个话题的人士，包括大学教授和大学校长，市长和政府要员。过去的40年世界上发生了翻天覆地的变化。1978年中国开启的改革开放，1991年苏联的解体，2008年华尔街金融泡沫的破裂，这些大事件改变着世界，颠覆着人们的思维。2008年后中国和美国应对危机和挑战采取了不同的对策，近10年来中国的强劲崛起对美国的衰败是一个不争的事实。究其原因，中国具有强有力的政府，敢于决策又善于决策的政府，有执行力的政府，不断深化改革和全方位创新，不仅着重于科技创新，而且着重于社会创新、理论创新、体制创新和人才创新。中国从追赶到超越，做到了与时俱进，求同存异，和谐包容，还拥有独创的社会创新。在社会创新方面美国与中国有近40年的距离。中国独创的社会创新是什么？我把它称作"中国和式创新"。

"中国和式创新"能否引领未来？

它能否改变世界，引领世界潮流？

它能否正面回应文明冲突论？

它能否被国际社会借鉴，引领一个国家的社会、政治、经济、环境可持续发展？

它能否引领企业打造新的坐标，引领企业的可持续发展？

上述所有问题都是本书要向读者回答的问题。

李华

于英国斯沃尼奇（Swanage，UK）

2017年6月26日

致谢

在很大程度上来说，本书是我 2014 年在 Palgrave McMillian 以英文出版的《中国企业竞争力：东西相逢》一书的延续，或是姊妹篇。我在《中国企业竞争力：东西相逢》序言的最后写道：如果仅仅认为这是一部关于中国企业竞争力的书是肤浅的。实际上它关注的是中国的竞争力和中国的表现——中国的伟大实践创新。在很多方面，中国企业竞争力的核心要素的讨论与中国的宏观环境密切相关。中国和中国企业是不同的概念，但相互关联。但是，要想理解中国企业的竞争力，就必须理解中国的竞争力。中国企业的表现和努力无疑是中华民族伟大复兴的组成部分。因此，本书主要关注的不仅仅是阐释中国企业的竞争力，而是阐释中国的竞争力。

本书以海外看中国的独特视角，以创新管理的战略高度，破解中国经济持续、高速、稳固发展之谜，剖析中国社会、政治、经济、环境可持续发展之根，解读中国创新模式，阐释中国和平崛起。然而，没有《清华管理评论》执行主编陈劲教授，《瞭望中国》执行社长孔根红博士和企业管理出版社孙庆生社长的鼎力支持和厚爱，本书就难以与读者见面。他们及时在显著位置刊发了我提出的介绍中国和式创新理论的文章，在国内外引发热议和强烈反响，很多网友发来信息，期待"中国和式创新"成书，系统介绍中国和式创新理论，我真是盛情难却。

非常感谢中央党校前副校长李君如教授和孔根红博士，他们在百忙之中接受我的专访。他们对于当代中国的政治走向和世界政治局势的把握有深度、有高度，他们对于中国和世界的看法与战略分析无疑成为本书非常重要的组成部分。

非常感谢全国政协常委、国家测绘地理信息局副局长李朋德博士，他在百忙之中接受我的访谈，并安排我访问国家测绘地理信息局。我有机会看到数十张华夏五千年中国不同朝代的地图。中国历史上战争频繁，战争带来的结果是朝代的更替，但不变的是中国的文化基因。万变不离其宗，中国"和"文化绵亘数千年。我由此得出一个结论，华夏五千年的文明史也是中国和式创新的历史。

非常感谢联合国开发计划署助理署长兼开发署亚太局局长徐浩良先生和开发计划署战略规划总监 Silvia Morrimoto 给予中国和式创新理论的支持和厚爱。他们表示殷切期望联合国开发计划署能分享中国和式创新理论和分享中国创新机遇。

非常感谢美国《久安世界和平电视》董事长吴云龙博士和总

裁文圣可先生对于中国和式创新理论的关注和厚爱。他们认为向世界说明中国，向世界讲好中国故事非常重要。中国和式创新从理论上阐释中国和平崛起的路径难能可贵，这对美国尤其重要。美国的忧虑是崛起的中国会否挑战美国的霸主地位。中国和式创新理论与《久安世界和平电视》共享愿景，促进世界和平。

非常感谢美国普利茅斯州立大学校长唐纳德·伯克斯（Donald Birx）博士和联合国学术影响主席 Ramu Damodaran 先生对于中国和式创新理论的厚爱。在过去的 5 年时间里，我就中国的创新模式与中国和平崛起与他们进行了深入的交流，从他们那里获得了有益的战略卓识。

非常感谢中国《瞭望中国》杂志、美国《久安世界和平电视》、联合国"学术影响"机构鼎力推荐本书，感谢英国"剑桥中国创新研究院"将其作为专著鼎力支持。

感谢清华大学苏世民书院高旭东教授，北京大学经济管理学院张一驰教授，中国人民大学经济学院方竹兰教授，北京理工大学经济管理学院刘云教授，上海交通大学曾赛星教授、陈德智教授和颜世富教授，北京师范大学（珠海）管理学院万里鹏教授和何建华教授，江西财经大学吴照云教授，中央财经大学王瑞华教授，深圳大学丁婉玲博士，中山大学卫建国教授，暨南大学王玉教授，郑州大学王金凤教授的慷慨邀请，使我有机会亲自拜访交流和学习，并与其师生分享中国和式创新理论。不胜感激！

感谢剑桥大学环球制造研究院石泳江博士，牛津大学彭红森和甘蔚博士，卡塔尔 Abdoul Abudulalhahen 博士的盛邀，让我有机会亲自拜访交流学习，并在其国际会议和论坛上就中国和式创新发表主旨演讲。

感谢斯晓夫教授、雷家骕教授、李平教授、Garry Bruton 教授和尤建新教授对于中国和式创新理论的关注和厚爱，使我们有机会近距离交流学习。

感谢新宁波帮联谊会张伟相先生和中国 MBA 教育网张林记者对于中国和式创新理论的关注和推介。

特别感谢企业管理出版社孙庆生社长，《企业管理》杂志王仕斌主任对于中国和式创新理论的关注和厚爱。特别是陈静编辑倾注时间和精力编辑和打磨书稿以飨读者。

最后，感谢我太太逯阳博士（露西）和儿子阿雷克斯的大力支持，他们为我提供了优越的条件，让我能顺利完成这部著作。此外，逯阳博士不仅仅作为此书的第一个读者，她还担任了《清华管理评论》中《中国和式创新：引领未来》专刊的特邀主编，为构建中国和平崛起的软实力尽绵薄之力。让我们一并期待。

李华

于英国斯沃尼奇（Swanage, UK）

2017 年 6 月 30 日

前言

综观人类发展历史,创新始终是推动一个国家、一个民族向前发展的重要力量,也是推动整个人类社会向前发展的重要力量。创新是多方面的,包括理论创新、体制创新、制度创新和人才创新等,但科技创新的地位和作用十分显要。综合国力竞争说到底是创新的竞争,要深入实施创新驱动发展战略,推动科技创新、产业创新、企业创新、市场创新、产品创新、业态创新和管理创新等,加快形成以创新为主要引领和支撑的经济体系和发展模式。

综观世界历史,一个民族国家的崛起,常常与其民族精神的崛起和民族文化的复兴密不可分。在现代社会,一个国家的繁荣昌盛常常与这个国家的创新意识息息相关。

要想创新,引领世界潮流,引领未来,必须深谙历史,了解过去,知道我是谁?从哪里来?到哪里去?

中国和式创新是一种刚柔相济、智者求同的共建、共享、共赢的战略模式,是中国特色的社会创新。它根植于中国的"和"文化,儒家学说的"和为贵",道家对于人类的终极关怀,中国古典哲学的精髓——拥抱矛盾；它破解中国近 40 年经济持续、高速、稳固发展之谜，剖析中国社会、政治、经济、环境可持续发展之根，解读中国创新模式，阐释中国和平崛起。人类和平发展是世界发展的必然趋势，世界前进，和平发展是主流、是潮流。中国和式创新阐释中国和平崛起，中国和平崛起的实践创新改写大国崛起的理论。

当今中国正在进行深刻变革，世界正发生急剧变化，特别是东西方角色转换，这为中国带来了空前的机遇和挑战。全面深化改革需要鉴往知来，攻坚克难离不开历史明鉴，继往开来离不开理念导航，环球治理离不开"求同存异，和而不同"，重返世界之巅离不开华夏文明，"中国和式创新"引领未来。

在过去的近两年时间里，我 4 次来到清华大学，在其举办的国际会议和论坛上就"中国和式创新"发表主旨演讲。每次在清华大学美丽的校园散步，都有一种向往、留恋、崇敬的心情。2017 年 5 月 19 日在清华大学经济管理学院国际会议大厅，在"中国和式创新：引领未来"的国际论坛上，我有幸接受了清华大学经济管理学院陈劲教授给我颁发的"清华大学技术创新研究中心"战略顾问聘书。在拥有悠久历史的著名学府接受这一荣誉，我深感荣幸。聘书虽小但是沉甸甸的，我感到无比自豪，也感到一种责任和担当。

中国新的战略机遇期

在清华大学经济管理学院的书店里，我有幸读到了著名经济学家、清华大学"中国与世界研究中心"主任李稻葵教授主编的《中国与世界观察》2017年第一期《中国的机遇期》。本期汇集了中国著名学者对于"中国机遇期"进行头脑风暴、战略分析和战略思考的大作。这些文章有深度、广度和高度。

20年前,"地球村"只是一个概念。如今,科技创新、航空和航海技术、多媒体、互联网,特别是中国的高铁、马云的支付宝、马化腾的微信,不仅仅改变了人们的生活方式,甚至改变了人们的思维方式,改变了人们对于未来的展望,把世界真正变成了地球村。中国与世界的距离从来没有像今天这样的接近——有学者把今天中国与世界的交往与互动称为"零距离"。这无疑是中国在探讨"中国的机遇期"时要考虑的。

多数专家认为:未来的40年将会是中国千载难逢的机遇,因为欧美进入了大变革、大调整期。中国的战略机遇期能否继续,在于中国的改革能否深化到位,在于中国的创新能否全方位展开,包括理论创新、体制创新、制度创新、人才创新、科技创新和社会创新。但也有专家指出,中国自20世纪70年代末以来的机遇已经结束。李稻葵教授指出,中国面临一个新的战略机遇期,它表现在三个方面:第一,以美国为首的发达国家逐步从全球事务中收缩;第二,中国已经成为资金富裕国家,其发展需要在全球范围内寻求答案;第三,中国不仅具备了消化吸收第四次工业革命重大新技术的能力,而且在个别领域逐步实现全球技术领先。

战略机遇期是自己创造的

我认为：战略机遇期是自己创造的，不是从天而降的，不是等来的。特别是通过创新寻求战略机遇期。1978年的改革开放是中国研究国内外错综复杂局势后的战略选择，而2017年"一带一路"的倡议也是中国在进行国内外局势分析后的战略定位和选择。随着"一带一路"倡议的实施和落地，它带来的不仅仅是中国经济进入新常态的可持续发展，世界经济也将从中获得实惠。中国39年前开启的改革开放促使国家摆脱贫困，走向富强，走上了可持续发展的道路；今天，中国倡议的"一带一路"，在地球村里将成为"创新之路，文化之路，文明之路"，成为渊源于西方的"经济全球化"的升级版。

今日世界，风云变幻，问题复杂，形势突变。全球化的故乡掀起了反对全球化的浪潮，自由贸易的诞生地掀起了反对自由贸易的呼声。东西方角色转换，中国从全球化的参与者变成了引领者。

中国在未来5年将向"一带一路"沿岸国家投入5000亿～6000亿美元，它是中国提供给世界的公共产品；不仅仅如此，更重要的是中国将与世界分享其近40年建设和发展的经验，分享中国处方和中国创新。

中国处方是什么？

中国的创新模式是什么？

中国和式创新理论旨在破解中国经济持续、高速、稳固发展之谜，剖析中国社会、政治、经济、环境可持续发展之根，深度阐释中国创新模式，阐释中国和平崛起的路径，它无疑将回答这一系列问题。这是本书的主旨和核心。

本书的架构

作为战略管理教授，在要求 MBA 和 EMBA 学员分析案例和完成论文时，一个最基本的要求就是优势、劣势、机遇与挑战 SWOT 战略分析，其次会要求政治、经济、科技、环境与法律 PESTEL 战略分析。对于一个国家/企业的战略定位、战略选择和战略实施，内部分析和外部分析也是非常必要的。就本书的逻辑结构而言，我也进行了细细斟酌。

本书第一章向读者展示的是国际国内政治局势的热点，中国和式创新诞生的国际和国内大背景、大格局，中国的和平崛起，当今世界研究中国崛起的开山之作，世界期盼中国的创新模式，当今世界东西方角色的转换。

本书第二章首先向读者介绍的是中国和式创新诞生的历史根源，华夏五千年文明，中华文明始祖和轩辕黄帝，中国"和"文化，中华文化的原创性。了解中国和式创新的历史背景非常重要，知道从哪里来，才知道到哪里去。然后本章梳理了与中国和式创新价值体系密切相关的先贤、圣哲、深根、沃土，范蠡的市场经济理念和王阳明的致良知；张载是儒家思想的集大成者，从他的"为万世开太平"到"仇必和而解"，显示出他高超的政治和哲学智慧，他在总结中国历史、哲学、辩证法后，对于中国古典哲学的精髓进行了高度概括。从儒家的"天人合一"到张载的"世界主义"呐喊，这里所昭示的是中国的和平基因；从儒家的"和为贵"到道家的"对于人类的终极关怀""自然主义"和可持续发展观，这里所昭示的是中国社会、政治、经济、环境可持续发展之根。再者，本章向读者阐述了矛盾与创新的内在联系，熊彼特在研究亚当·斯密《道德论》和《国富论》的矛盾中首先提出斯密悖论，继而在矛盾中建立了创新理论。最后本章阐释中国和式创新诞生的内因和外因，回答和式创新为什么在中国诞生。

本书第三章介绍了当代中国的政治走向。毫无疑问，当代中国的政治走向与国际政治局势是研究中国战略和中国创新问题不可回避的当代中国核心主题。读者不难看出，第三章与接下来的第四章的密切关系。更确切地讲，中国"一带一路"的倡议是中国和平道路与和平崛起的延续。通过我与李君如教授战略对话的形式，本章向读者呈现的是对于中国政治走向的战略分析。其次，本章呈现的是中国"一带一路"倡议对于中国与世界的现实意义和深刻的历史意义。再者，本章讨论了中国社会管理创新工程。最后，本章讨论了中国和式创新的发展前景。

本书第四章介绍了国际政治局势与中国和平道路。通过我与孔根红博士的战略对话，本章首先向读者呈现的是当代国际政治局势与政治走向，中国和平崛起与和平道路的选择，中国和平崛起的渊源与和平基因。其次，本章阐述的是中国和平崛起的内涵及其意义。最后本章讨论如何从理论上阐释中国和平崛起的路径以及中国和式创新的未来发展趋势。

本书第五章的意图在于告诫读者历史的经验教训至关重要，"他山之石，可以攻玉"，了解美国崛起的经验与教训更有助于构建中国崛起的软实力。本章首先向读者讲述的是"五月花号"与美国崛起的历史渊源，"五月花号"与美国的立国基础。其次，本章向读者阐述的是亚当·斯密提出的"两只无形的手"何以推动世界发展达200年。本章最后向读者讲述的是关于科学管理之父泰勒，创新之父熊彼特和现代管理学之父彼特·德鲁克的故事，他们的思想和理论构成了西方近代的价值体系和软实力。

本书第六章介绍了中国和式创新的理论体系。基于前述这些重要的主题，包括对于中国和式创新诞生历史渊源的探索，内部与外部环境的战略分析，美国崛起的软实力分析，本章全面阐述中国和式创新的理论体系和其四大支柱。毋庸置疑，本章是全书的核心与金字塔的顶峰。本章首先阐述中国和式创新的理论架构；继而逐一阐释支撑中国和式创新理论的四大支柱——拥抱矛盾，与时俱进，求同存异，和谐包容——的历史渊源及支持四大支柱的中国经典案例，理论联系实际，案例衬托理论，理论源于案例，中国和式创新理论源于中国的伟大变革实践，二者相辅相成。本章向读者呈现的是作者严谨的学术研究。

本书第七章的主题是"中国和平崛起绝不跌入修昔底德陷阱"。我在介绍第六章时提到其为本书的核心，是因为此前的章节都是铺垫，都是我对于东西方技术创新和政治变革的战略分析、观察和研究以及对中国和式创新诞生的历史渊源，中国和式创新的土壤和根基的阐释。在阅读这一章（第七章）时，我想提醒读者的是本书发展思路的转换。本章着重阐述中国和式创新理论的影响及其意义。这在研究论著中称作理论贡献（Theoretical contribution），而下一章（第八章）称作实践贡献（Practical contribution）。就我个人而言，我认为：第一，中国和式创新从理论上阐释中国和平崛起的路径；第二，中国和式创新从理论上正面回应"历史的终结论"，历史并没有终结，历史在继续；第三，中国和式创新从理论上直面"文明冲突论""中美必有一战"都是站不住脚的伪命题。中国走和平发展道路向世界昭示中国实现了和平崛起，中国和平崛起绝不跌入修昔底德陷阱。

本书第八章进一步阐释中国和式创新理论的影响及其意义，但偏重于实际贡献。毋庸置疑，在很大程度上，本书阐释的是社会创新、政府创新和国家创新，是社会发展的战略。然而，中国和式创新理论的提出渊源于我对中国竞争力和中国可持续发展的研究，我对于中国企业竞争力的研究。但是，限于本书的篇幅，我只能占用本章一节的篇幅回答中国企业家关注的问题：中国企业如何打造新的坐标？技术转移之上的创新对于中国企业的发展至关重要。

本章从我个人的经历谈起，从英国普利茅斯到美国的普利茅斯，再到中国的"一带一路"，它阐述的是东西方社会政治的历史变革，讲述的是中国创新的故事以及中国和平崛起的路径。其次，本章向读者介绍的是中国和式创新在英国、美国和联合国的反馈和反响。但是，中国和式创新理论研究并非一枝独秀，国内外学术界对于中国创新的研究成果可喜可贺。再者，本章回应中国经济奇迹何以可持续发展，这是中国和式创新理论的核心所在。最后，通过介绍联大会议确认世界创新日，本章向读者阐释中国创新系世界期盼。

本书第九章在很大程度上来讲是这部研究著作的研究方法论和研究策略。这是必须要向读者讲清楚的。它回答读者对于我提出中国和式创新理论的一系列质疑。首先，我要说的是，中国和式创新的提出基于战略管理的视角，基于兼容中西、知行合一的视角。本章向读者呈现的是：我提出中国和式创新理论的研究方法和策略；我在战略管理和创新管理领域研究所做出的努力，东西荟萃，知行合一，融合东西方管理思想和智慧；我的思想和理念的演变过程。

本书第十章在很大程度上是本书的结论。然而，我却提出一个开放性的问题"世界将走向何方？"我试图回答这一问题，但是没有结论。就把结论留给读者吧！

本书的优势

本书的核心竞争力和优势突出。它紧扣主题，围绕中国和式创新的诞生及其影响，基于中国崛起软实力的构建，梳理西方工业文明引发的英国的崛起，"五月花号"驶向北美后300年美国的崛起，以及1978年以来中国的强劲崛起。它穿越时空，绵亘数千年，纵横寰宇，谈古论今。它论及中国和式创新的历史背景、内外部环境、理论架构、价值体系、现实意义、内涵与外延。它围绕中国和式创新理论与实践，介绍中国古今具有深远影响的历史、哲学、经济学、管理学的圣贤和他们的理论、轶事、趣闻和故事。它兼容中西，知行合一，讲述引领西方300多年来繁荣和现代化的创新理论、经济理论、管理思想和哲学经典。中国和式创新具有的包容性、开放性、先进性和传承性，昭示这一领域的研究拥有广阔的发展前景和良好的发展趋势。它涉及的内容跨领域、跨学科、跨专业、跨地域也是一种必然。

本书首次全面系统论述中国和式创新理论架构和价值体系，阐释中国近40年和平崛起的路径。本书除引用中国这场伟大变革的经典案例，宏观解读中国竞争力，中国社会、政治、经济和环境可持续发展外，还将贯穿下述三条故事主线作为支撑：第一，中国对外开放的国家战略及其实施；第二，中国和平崛起的战略定位与中国"一带一路"倡议的选择（鉴于本书的篇幅，有关中国企业的崛起、大学的崛起、城市的崛起和中国的高铁崛起将在我的后续著作《中国崛起之魂》系列丛书中详细阐释）；第三，作者对于近40年来所亲历的东西方的重大事件和社会政治变革的战略分析和解读。

本书通过其气势磅礴的架构，生动翔实的案例，让国人和世人更客观地认识中国和平崛起的事实，特别是理解中国和平崛起的路径、理论和中国崛起背后的文化内涵，中国和式创新与和平崛起内在的联系。中国践行和式创新与和平崛起，改写大国崛起理论，破解崛起大国必然挑战守成大国的魔咒，力避修昔底德陷阱。

本书的特色

本书特色突出。围绕系统阐释中国和式创新理论，本书每一章开篇首先用典，增强本书弘扬中华传统文化的"钙质"。然后提供一个"本章概要"，它是对于该章内容的高度概括；不仅如此，在"本章概要"结尾，紧接着是我精心为读者准备的三个"思考题"，它不仅仅是给予读者的一个提示，而且发人深思，引人入胜。

目录

第一章　东西方角色转换　/ 1

第二章　中国和式创新诞生的历史背景　/ 25

第三章　当代中国的政治走向　/ 57

第四章　国际政治局势与中国和平发展道路　/ 85

第五章　"五月花号"与美国崛起　/ 113

第六章　中国和式创新的理论架构　/ 141

第七章　中国和平崛起绝不跌入修昔底德陷阱　/ 163

第八章　中国创新：世界期盼　/ 185

第九章　东西方管理思想和智慧的融合　/ 213

第十章　中国和式创新引领未来　/ 251

后记　/ 273

参考文献　/ 277

第一章

东西方角色转换

臣观前代，邦之兴，由得人也；邦之亡，由失人也。得其人，失其人，非一朝一夕之故，其所由来者渐矣。天地不能顿为寒暑，必渐于春秋；人君不能顿为兴亡，必渐于善恶。善不积，不能勃焉而兴；恶不积，不能忽焉而亡。

（唐）白居易《策林·辨兴亡之由》

中国从20世纪70年代末开启改革开放的近40年，经济一路攀升，持续、高速和稳固增长。中国经济年均增速近10%，已成为世界第二大经济体。中国经济从2008至2012年的年增长率为9.3%，为全球经济净增量的29%，2012年后中国经济战略性放缓，仍保持了7.0%的年增长。21世纪是一个呼唤大战略和大智慧的时代。中国国家创新和发展战略研究会会长郑必坚用"大变动，新觉醒，两重性"描述21世纪的特征。东西方的政治改革、角色转换、经济变革是这个时代的特色。世界在经历了巨大的变革、经济和金融危机之后，人类财富倘若没有中国强大经济的贡献，一定会急剧缩水。世界期待经济可持续发展的中国"良药妙方"。此时，中国经济向世界展示了可持续发展趋势，充当了世界经济增长的火车头和世界创新的发动机。**中国在不到40年的时间里完成了欧美几乎百年才实现的进步。国际社会用"奇迹"来描述中国的巨大发展成就。然而，如何从理论上，从学术上解读中国崛起？世界呼唤中国的创新模式和阐释中国和平崛起的理论。**

【本章概要】

　　本章作为本书的开局，首先向读者展示的是国际政治格局以及东西方角色的转换。我认为，2016年是标志性的一年，这一年的历史标志着后西方时代的来临。我将着重阐释中国和平崛起的伟大变革实践，有关中国崛起的重量级的研究，进而阐释中国传统文化与历史乃中国崛起之关键，中国和平崛起与中国道路的选择机遇，中国的历史和现实，中国选择和平发展道路是一种历史的必然。中国和平崛起无疑改变了人类发展的进程，积累了社会、政治、经济发展及脱贫致富的宝贵经验，实践了创新与可持续发展的模式。世界期盼中国的治理模式和"灵药妙方"！

【思考题】

- 如何看待东西方角色的转换？
- 为什么在全球化的故乡掀起了反对全球化的浪潮？
- 中国崛起带给世界的影响是什么？

2008年夏天，我"跳槽"到英国曼彻斯特的索尔福德大学（Salford University）工作。在我入职的小型欢迎仪式上，校长说，"欢迎你加入索尔福德大学，欢迎来到全球化的心脏（the heart of globalization）。"我对校长的欢迎词不是十分理解，一脸茫然。近10年来，带着这个问题，我一直想验证校长的这句话。全球化起源于什么地方？什么时候开始的？事实上，对于管理学者来讲，回答这些问题已不重要。重要的是，哪个国家是全球化的主导者？哪个国家是全球化的引领者？曾获诺贝尔奖的经济学家阿马蒂亚·森说："全球化丰富了世界的科学、文化，使世界人民在经济上受益。联合国预测全球化有望在21世纪消除贫困。"近20年来，全球化几乎涵盖了所有领域。全球化是世界发展的潮流和大势所趋。中国从全球化的参与者、受益者正逐步成为主导者、引领者。中国和平崛起引起世界瞩目。

从全球化起源看东西方角色转换

德国经济史学家安德烈·冈德·弗兰克认为，全球化的起源可以追溯到公元前三千年。近现代的全球化则起源于18世纪的工业文明。英国工业革命始于18世纪60年代，以棉纺织业的技术革新为始，以瓦特蒸汽机的改良和广泛使用为枢纽，以19世纪三四十年代机器制造业机械化的实现基本完成为标志。据史料记载，位于曼彻斯特都会区的索尔福德小城的一个纺织厂开启了英国的工业革命。索尔福德有纺织加工业传统，在工业革命之前，索尔福德老城区已经发展了大约700年，在引进棉织品之前，羊毛制品和毛皮制品贸易量很大。工业革命期间纺织制造业的变化对人口和城市化以及索尔福德的社会经济和文化状况都有深远的影响。位于索尔福德的索尔福德大学拥有世界上第一所无条件免费的图书馆，而 Chapel Street 则在 1806 年成为世界上第一条使用煤气照明的街道。由此看来，校长的欢迎词不无道理。

英国索尔福德大学

尽管 2008 年华尔街引爆的金融危机使西方经济复苏乏力，然而，"全球化"一词仍是西方政治家口中的热词、高频词。然而，在不到 10 年的时间里，时过境迁，角色转换。西方在寻求可持续发展方面的无助、无果、无望、无奈导致英国的脱欧和特朗普的当选，致使在西方，特别是英国和美国，在全球化的故乡，掀起反全球化的浪潮。作为经济全球化的积极参与者和坚定支持者、重要建设者和主要受益者，中国在未来经济全球化进程中的作用令世界期待。

世界期待经济可持续发展的中国"良药妙方"。此时，中国经济向世界展示了可持续发展趋势，充当了世界经济增长的火车头和世界创新的发动机。中国在不到40年的时间里完成了欧美几乎百年才实现的进步。国际社会用"奇迹"来描述中国的巨大发展成就。然而，如何从理论上，从学术上解读中国和平崛起？世界呼唤中国的创新模式和中国和平崛起的理论。

2016年，后西方时代的到来

英国著名作家狄更斯在《双城记》的一开始写道："这是一个最好的时代，也是一个最坏的时代；这是明智的时代，这是愚昧的时代；这是信任的纪元，这是怀疑的纪元；这是光明的季节，这是黑暗的季节；这是希望的春日，这是失望的冬日；我们面前应有尽有，我们面前一无所有；我们都将直上天堂，我们都将直下地狱。"2016年是具有标志性的一年。世人把英国脱欧称为"黑天鹅逆袭"，然而黑天鹅2016年又第二次放飞。在2016年6月英国公投脱欧后，11月特朗普当选为美国第45任总统。就国际政治格局而论，2016年正像美国斯坦福大学弗朗西斯·福山先生在其《历史之终结》一书中所描述的1991年一样，是具有标志性的一年。2008年华尔街金融泡沫的破裂，从表面上看是西方的金融和经济危机，实则引爆的是深层次的政治和社会危机。G20在杭州的成功举办，美国传统盟友倒向中国，英国脱欧公投后的多米诺骨牌效应，特别是特朗普现象，对于世界特别是美国精英阶层来讲是一种颠覆。**我认为这些重大事件均反映出西方民**

主政治深层次的问题以及西方社会寻求社会和经济可持续性发展的挫败，意味着西方社会要寻求新的出路，西方的民主政治呼唤改革和创新，国际政治格局面临重新洗牌。福山先生的"历史之终结"不仅没有终结，而且远远超出他的想象。福山先生是一位与时俱进的学者，他对自己的"历史终结论"反复进行了修正。

英国著名学者马丁·雅克在他的《当中国统治世界：中国的崛起和西方世界的衰弱》一书中指出：中国绝对不会走上西方民主化的道路，只会选择一种不同于西方世界的发展模式；中国的崛起将改变的不仅仅是世界的经济格局，还将彻底动摇其思维和生活方式。他认为，一国实现现代化的方式将是多种多样的。在这个充满"现代性竞争"的新世界里，中国将成为全球竞技场上的核心角色。中国经济的迅猛增长已经产生了深远的影响，并一直为国际社会津津乐道。**他进一步指出：把中国对世界的影响主要体现在经济方面有些过时。中国的政治和文化可能会产生无比深刻的影响，将与 20 世纪的美国媲美，甚至有可能会超越美国。中国的崛起标志着西方民主国家在全球主导地位的终结**。马丁·雅克被称为西方第一位著名的研究中国崛起的学者。他于 2016 年 5 月在北京接受《中国社会科学报》访谈时指出：**历史和文化乃理解中国崛起之关键**。

与此同时，美国世界未来学家约翰·奈斯比特在 2009 年出版了《中国大趋势：新社会的八大支柱》一书，从世界的角度看中国，关注中国发展，阐释中国崛起。他在此书的序言中写道：

任何对于中国未来的探索都离不开对中国改革开放 30 年的分析。在这 30 年中，中国……实现了现代史上前所未有的发展。为什么其他许多民主国家都没能够实现像中国一样的经济发展呢？

作为对福山先生 1992 年出版的《历史之终结》一书的回应，约翰·奈斯比特进一步指出：1992 年美国所发生的变化都是在一个既定的体制内，而 2009 年中国却在创造一个崭新的社会、经济和政治体制，它的政治模式也许可以证明资本主义这一所谓的"历史之终结"只不过是人类历史道路上的一个阶段而已。2016 年 12 月，奈斯比特在珠海的一次演讲中指出：以西方为中心的世界格局将转变为多元化的世界格局，中国将主导全球新变革，在世界扮演主要角色，改变游戏规则并重建经济秩序。

世界呼唤中国的创新模式

1912 年，29 岁的奥地利裔美国经济学家约塞弗·熊彼特创立了创新理论，一举成为世界著名的经济学家。100 多年来，创新理论从未停止过大放光芒。熊彼特的创新理论已经在欧美发达国家被广泛应用在经济、文化和科技等领域，从而促进了这些国家科技和经济的发展。这也是西方长期以来在很多领域独占鳌头、先入为主的主要原因。

就中国创新和创新战略而论，国内外学者有不同解读，乃为"盲人摸象"。英国《自然》杂志网站在评论中国创新时指出："中国大力驱动创新战略，但反观现实，存在巨大的差距，瓶颈到底在哪里？从根本上来说，创新尚未形成一种文化。"日本作家中野美代子评论说："与欧洲人常常为开拓认识世界奔向未知土地而进行鲁莽的旅行及冒险的传统不同，中国人的伦理理念是把认识疆界限定在五官可及，手脚可触摸到的空间领域中。"与此相呼应，也有国内学者谈论中国传统文化和中华文明制约创新。他们由于苦苦冥思找不出答案来破解中国经济持续高速增长之谜，就把中国说成"山寨大国"和"经济怪物"。我认为：这些观点反映的是他们的观察只是表象，只知其一，不知其二。

中国创新与中国传统文化和中华文明密不可分。中国传统文化和中华文明是中国人独自原创的。这种文化不是机械的、凝固的文化，而是具有容纳性、首创性、辐射性、延伸性、开拓性、生命力十分强大的一种文化（详见第二章）。

大哲学家黑格尔说过：中国有最完备的国史。但他认为中国古代没有真正意义上的哲学，还处在哲学史前状态。这么了不起的大哲学家竟然做出如此大失水准的评论，何其不幸。他的说法基于当时仅有的中国哲学在西方的译著，有别于互联网发达、信息便于交流的今天，确实有情可原。长期以来，对于中国创新模式的解读在西方充满着争议。事实上，西方学者未能或难以辨别中国的创新模式。与此同时，有些西方学者对于中国创新的解读也充满了傲慢与偏见。然而，中国的创新和发展成就向世界昭示中国的"非西方"发展道路有着不可取代的价值。而且，它能为那些经济发展无望，社会撕裂和动乱，深陷西方自由主义泥潭的国家提供出路和解决方案。

早在2009年，面对中国综合实力不断增强，参与全球治理的深度和广度不断升级，而美国主导的全球治理体系弊端日益暴露，美国《时代》周刊高级编辑，高盛公司资深顾问乔舒亚·库珀·雷默发表调查论文指出：中国通过艰苦努力，主动创新和大胆实践，摸索出一个适合本国国情的发展模式。他把这一模式称为"北京共识"。

"北京共识"与"华盛顿共识"不是同一个概念。它们根本的区别在于，实现经济增长的同时是否能保持政治和外交上的独立自主。综观资本主义发展的历史，发达资本主义国家扩大资料来源与商品市场的手段是抢夺对某一国家、地区乃至整个世界的控制权。最初采取硬的一手，即直接使用武力推行殖民主义，侵占别国领土、资源。雷默在其研究过程中注意到，上自中国最高层领导人，下至普通政府官员，口头禅不再是国内生产总值（GDP）的单纯增长，而是变成了"协调发展"，在GDP增长的同时还要注重环保，注重消除腐败现象，注重把增长模式转换成某种更可持续、更公开、更公平的方式。而"北京共识"的最大特色就是走和平发展的道路，实现和平崛起。

中国自古就有的"天人合一""与时俱进""和而不同""拥抱矛盾"的哲学思想，千百年来指导着中华民族妥善处理人与自然、人与人、国与国之间的关系，这是中国社会、政治、经济、环境可持续发展的根源。中国学者研究西方发达国家的经验和教训，中国领导人考察本国及世界其他国家发展的实践和案例，逐步明确了不能重走资本主义国家曾经走过的弯路，而要注重人与自然、人与人的协调发展的理念。雷默认为，中国政府已经把眼光超越了诸如人均GDP的衡量尺度，更多地集中于软实力的构建和提升人民的生活质量，并把创新当做中国经济发展的发动机和持续进步的手段。这些，都足以保证中国能够解决改革所带来的各种问题。雷默不仅对中国创新给予了充分的肯定，而且对于中国创新的内容进行了详尽的描述。

中国和平崛起的伟大变革实践

近10年来出现了众多有关中国崛起的研究。从基辛格博士的《世界秩序》到李光耀先生的《李光耀论中国与世界》，世界对中国崛起既饱含期待，又对中国未来政治走向不乏忧虑。从马丁·雅克先生的《当中国统治世界：西方世界的衰落和中国的崛起》到郑永年先生的《中国模式：经验与挑战》，对于中国的崛起既有深刻的评价与展望，又有客观的分析和论述。"中国崛起"成了国际学术界、理论界热议的话题。就中国崛起而论，美国前财政部长劳伦斯·萨默斯（Lawrence H. Summers）作了估算：如果说英国工业革命期间，一个人的生活水平在自己生命周期里翻了一倍的话，那么在中国当今这场现代化大潮中，一个中国人的生活水平在自己的生命周期内可翻7倍。英国前首相卡梅伦在2013年12月访问中国时指出："英国希望中国实现其梦想，我相信我们可以在全球竞争中相互帮助。中国的崛起转型是我们这个时代最具吸引力的事件之一。中国经济发展和城市化的步伐和规模使两个世纪前的英国工业革命变得相形见绌。我认为中国的崛起不仅有益于这个国家的人民，而且有益于英国和世界。"

中国崛起研究的权威

对于"中国研究"和"中国崛起的研究"，中国国家创新和发展战略研究会会长郑必坚先生，美国前国务卿亨利·基辛格博士和新加坡前总理李光耀无疑是权威中的权威。郑必坚先生作为中国和平崛起理念的提出者，阐释中国崛起的必要性和可行性，非常中肯。

郑必坚先生在2003年博鳌亚洲论坛上发表《中国和平崛起新道路和亚洲的未来》的讲演时指出，中国的抉择只能是：奋力崛起，而且是和平的崛起。也就是下定决心，争取和平的国际环境发展自己，又以自身的发展来维护世界和平。围绕和平崛起道路，最重要的战略方针有三条：一是毫不动摇地锐意推进以社会主义市场经济和社会主义民主政治为基本内涵的经济和政治体制改革，以形成实现和平崛起的制度保证；二是大胆借鉴吸收人类文明成果而又坚持弘扬中华文明，以形成实现和平崛起的精神支柱；三是周到细致地统筹兼顾各种利益关系，包括统筹城乡发展、统筹区域发展、统筹经济社会发展、统筹人与自然和谐发展、统筹国内发展和对外开放，以形成实现和平崛起的社会环境。

郑必坚先生与基辛格博士等专家在2013年联合撰写《世界

热议中国：寻找共同繁荣之路》，阐述中国崛起。他在《大变动·新觉悟·两重性》一文中写道："中国坚持和平崛起发展的道路，不是一种外交辞令，而是要永远坚持的历史方向。坚持'和平'，就是要破解'中国威胁论'；实现'崛起'就是要证明'中国崩溃论'缺乏依据。打破'国强必霸'的旧逻辑，即是中国的战略选择，也是中国的新觉醒。"郑必坚先生是资深中国战略专家，"中国和平崛起理念"的提出者。"和平崛起"理念从理论上来讲，是一种"拥抱矛盾""与时俱进"的理念，是一种具有包容性、开拓性的创新，是生命力十分强大的战略。然而，"和平"与"崛起"是一对矛盾。如何化解这一对矛盾？消除疑虑？从创新理论上和学术研究上阐释中国和平崛起至关重要。并要讲好、讲完善中国故事，构建叙事能力，扩大环球影响，为中国发声。

阐释中国和平崛起，必然要谈起中美关系——一个崛起大国和守成大国的关系。在21世纪，中美关系是世界上最重要的关系之一。基辛格博士在其2013年发表的《美中关系的未来：冲突并非必选项》一文中告诫美国，"美中关系不应被理解为一场零和博弈，一个繁荣富强的中国之崛起也并不意味着美国的失败"。基辛格博士对于中国崛起的理解非常深刻。"中国并不把自己看成是一个崛起的大国，而是一个回归中的大国。中国认为自己已经在该地区辉煌了两千年，只是暂时被殖民者借用其国内争斗和腐败群而代之……美国人不需要完全同意中国方面的分析，凭借常理也能理解，告诉一个千年古国要'长大'并且'负责任'是多么棘手和没有必要。"与此同时，英国前首相戈登·布朗2013年在其发表的《向建立全球治理体系迈进》一文中阐释中国崛起时指出："我们可以通过了解关于融入世界的传统观念来了解中国将会何去何从。中国有很强的历史感，不是过去几十年的历史，而是几个世纪的历史……中国并非寻求将自己的意愿强加于他国，而是通过开展务实对话并尊重别国选择的道路，寻求建立各国平等、和谐共存的世界。"毫无疑问，就中国崛起而论，他们都强调了中国悠久的历史和文化的重要性。他们的告诫中肯，充满真知烁见。

基辛格博士以宏大的视野厘清400年全球秩序脉络，解析现代中国崛起之路的内在逻辑。2015年他在其巨著《世界秩序》中写道："中国和美国在各自的历史中，只是在最近才充分参与由主权国家组成的国际体系。中国自认为与众不同，基本上自家管自家的事。美国也认为自己独一无二，也就是说它是'例外'，但它相信自己在道义上有义务超越国家利益，在世界上传播自己的价值观。这两个有着不同文化和不同前提的伟大国家都正经历着根本性的国内变化。这些变化最终是会导致两国间的竞争，还是会产生一种新形式的伙伴关系，将对21世纪世界秩序的未来产生重大影响。"

然而，21世纪的世界面临的现实是富有挑战性的，前所未有的。中国和美国就经济规模而论是当今世界上最强大的两个国家。中国和美国的土地面积相仿，两国对各自经济发展和国际影响具有同等的信心。然而，两个国家在历史、文化、价值、社会和政治制度方面有很大的不同。中国拥有 13 亿人口和 960 万平方公里的土地。中国历史塑造了其独特的文化优势和自信。美国拥有 3 亿人口和 962 万平方公里的土地，自然资源丰富，地理环境优越。特殊的移民历史创造了美国文化的开放性和多样性。中美文化差异和价值体系的不同在本质上存在。前者属于东方文明，后者属于西方文明。英国历史学家阿诺德·汤因比指出，这两个文明的独立性是最重要的，最值得关注的。

历史和文化乃中国崛起之关键

正如基辛格博士强调的，"中国有很强的历史感，不是过去几十年的历史，而是几个世纪的历史"。试图"告诉一个千年古国要如何'长大'并且'负责任'是多么棘手和没有必要。"对于中国崛起的战略分析，李光耀比中国以外的任何分析人士都认识得更为深刻。李光耀指出，中国有长达五千年之久的文明，有 13 亿人口，其中很多非常有才华的人构成了一个巨大的人才库。2013 年李光耀在其著作《李光耀论中国与世界》中指出，今天的中国是世界上发展速度最快的发展中国家，"中国将势不可挡地按照自己的方式崛起为世界最强国。中国通过经济奇迹把一个贫穷的国家转变成了当前世界第二大经济体，而且正如高盛集团曾经预言的那样，在当前这个发展轨道上，中国将在 20 年后成为世界第一大经济体。""其速度在 50 年前是无法想象的，这是一个无人预料到的巨大转变……中国人的预期和抱负已经提升。每一位中国人都渴望一个强大、富裕的中国，一个与美国、欧洲国家和日本同样繁荣昌盛并同样具有科技竞争力的中国。这种重新唤醒的使命感是一股极其强大的力量。"

对中国崛起的路径，李光耀先生有着异常清晰的判断和独特的见解："中国人不笨，他们已经避免了德国和日本曾经犯过的错误，通过武力挑战既定的秩序。中国已经认识到最佳战略是创造一个强大和繁荣的未来，利用大批受过教育、技能日益熟练的工人赶超其他国家。中国会避免任何损害中美关系的行为，挑战美国这样一个更加强大的、技术领先的国家将毁掉中国的'和平崛起'。"李光耀被称为战略家中的战略家，导师中的导师。他的分析不但是战略性的，而且富有远见。

中国是一个天然大国。中国无论从地缘环境、自然资源，还是从人口规模、经济总量方面看，都是一个天然大国。从历史上看，中国长期以来是国际上一个非常重要的国家，对世界历史和人类文明产生了深远的影响。即使是在中国衰落的时期，世界上也没有哪个国家能够完全打垮中国，肢解或侵吞掉中国。即使是在中国危机四伏的时期，中国仍然表现出很强的影响力和生命力，并且，也没有哪个大国能够忽略中国的存在。更重要的是，灿烂的文明和辉煌的历史塑造了中国人的文化优越感和文化自信。基于战略定位和战略选择的分析，我在《瞭望中国》2017年2月总第341期上撰文指出，中国携华夏五千年文明和创新重返世界之巅。

英国前首相卡梅伦评论中国崛起时指出："如何应对中国的

崛起，世界上主要有两种态度。可以把中国的崛起看作是一种威胁，也可以看作是机遇。""中国变得富有并不意味着其他国家会变得贫穷，中国的发展也并不意味着其他国家的衰落。全球化并非零和博弈。"中国崛起促使学界重新定义大国崛起的理论。中国崛起完全不同于传统上西方大国崛起的模式。聚精会神搞建设，一心一意谋发展，中国要走的是和平发展和共同发展的强国之路。而和平发展与共同发展又是多数国家的共识，中国要实现强国梦，世界要实现繁荣梦。这里要追求的都是可持续发展：社会可持续发展和政治可持续发展，经济可持续发展和环境可持续发展。中国和式创新不仅引领社会和政治可持续发展，而且引领经济和环境可持续发展。

日内瓦外交与国际关系学院张维为教授认为，"从更为长远的历史眼光来看，中国的崛起不是一个普通国家的崛起，而是一个五千年连绵不断的伟大文明的复兴，是一个人类历史上闻所未闻的超大规模的'文明型国家'的崛起"。《瞭望中国》执行社长孔根红博士在其《看清前方的道路》一书中，对于中国崛起和中国道路有很深刻的阐述。

我认为，国内外学者对于中国崛起都提出了独特的见解和精辟的论述。郑必坚先生从中国发展战略角度出发，深刻分析和探索中国和平崛起的必要性。基辛格博士解析现代中国崛起之路的内在逻辑并谆谆告诫美国和世界，一个崛起强大的中国不是美国的战略失败，中美应摈弃零和博弈，中美之间的相互竞争应会产生一种新型的合作伙伴关系。特别需要指出的是，李光耀先生明确提出了中国悠久的文化和文明在中国崛起中的作用。马丁·雅克先生也指出，历史和文化乃理解中国崛起之关键。

中国和平崛起的理论和根基

然而，中国崛起背后的动力是什么？中国由衰到强是不争的事实。但这种转变和崛起是突然爆发的，还是有深厚的历史和文化根基？如果是前者，其兴也勃，其衰也忽，如此看来，没有可持续发展。如果是后者，那么就意味着中国的崛起是基于长期的历史积淀，坚实的文化基础，并抓住了重大契机，通过创新，找到了正确的解决方案，这样的崛起就具有传承性，历史的延续性，必然具有可持续发展。

苏联解体后，世界政治改革可谓"八仙过海"，既有激进改革，也有保守改革。然而，在西方苦苦挣扎，寻求出路的时候，中国通过稳健和循序渐进的改革，不断强大和崛起，对福山先生提出的"历史终结论"证明了历史并没有终结。从政治意义上来看，中国的崛起和复兴正在为新的世界历史发展提供另一种选择。中国模式不仅是西方民主政治理论之外的"第二条可行道路"而被世界接受，而且向世界昭示：中国道路是基于实践、创新的可持续发展的道路。

对于"中国崛起"理论和根基的探讨和研究，有学者指出：在中国学术界驰骋的大多都是各种各样的西方理论或以西方为范式的舶来品，鲜有卓有成效的完整系统的理论研究面世。有一些研究探讨中国崛起给中国和世界带来的影响和安全作用的分析与预测；中美两国之间"权力转移"方面的看法和意见。无奈有学者指出："中国学术界唯一的共识就是中国崛起是好的，除此之外没有任何具有说服力的解释。"

尽管看到最近几十年中国的人文社会科学已经取得了长足的进展，但是与"中国经验"和"中国道路"的丰富性相比，华东师范大学哲学系教授高瑞泉认为，中国学术界至今没能很好解释"中国崛起"，中国学术的成就不能与"中国崛起"相称。他呼吁中国学术必须告别"西方学徒"心态，从理论上解释好"中国崛起"。

我认为，这些论述有一定道理，能指出这些问题的存在就是很宝贵的。然而，只有从理论上阐释中国崛起，才能从根本上阐释中国崛起。阐释中国崛起的历史和文化根源，才能正确地阐释中国崛起。构建中国崛起的理论，构建价值体系，构建叙事能力，讲好中国故事至关重要。它有利于增强中国发展话语权，克服中国外交崛起的障碍，为中国发声，不断扩大中国道路、中国模式在国际比较中的影响力和吸引力。

世界期待中国"灵药妙方"

如本章一开始指出的，这是一个最好的时代，也是一个最坏的时代，更是一个充满困惑的年代。世界正处在一个迷茫的十字路口，全球在困惑中难以抉择。这种困惑，在2016年英国的脱欧和特朗普当选美国总统两大事件中暴露无遗。困惑西方世界的不仅仅是经济运行的不作为，更重要的是现实社会出现的撕裂现象。所谓社会撕裂，不仅仅是阶层与阶层间、理想与现实间的差距，而且这种撕裂冲垮了既有的认识观念和现有的政治社会秩序。没有社会的稳定，经济可持续发展无望。旧有秩序正在被逐渐打破，国家发展不平衡及各国实力对比改变形成了新局面，但是，新秩序尚未建立。

在这样的全球背景下，中国秉承"和平崛起"的一贯宗旨，从自身发展的得失中总结经验教训，坚持开放、创新、和谐、包容是国家社会发展和世界共同进步的基础，倡导"求同存异"，全球在困难时期更应该互帮互助、义利兼顾。从经济方面，中国对世界经济难题提出了全球经济治理的"良药妙方"：建设创新型世界经济，开辟增长源泉；建设开放型世界经济，拓展发展空间；建设联动型世界经济，凝聚互动合力；建设包容型世界经济，夯实共赢基础。从生态环境方面，中国积极承担国际责任和大国义务。在已经成为世界节能和利用新能源、可再生能源第一大国的基础上，中国提出绿色发展理念；中国积极推进气候变化国际合作，与美国、欧盟等共同发布了多份《气候变化联合声明》。同时，在气候治理问题上积极推进南南合作，帮助发展中国家提高应对气候变化的能力。

美国耶鲁大学教授斯蒂芬·罗奇在世界报业辛迪加网站发表《没有中国的经济将暗淡无光》的文章称："我很少对全球经济前景感到乐观，我认为世界所面临的问题要比中国经济崩溃论严重得多。"危机后世界经济如果没有中国经济的带动,将会陷入巨大困难。世界期待经济可持续发展的中国"良药妙方"。中国以开放胸襟、大国自信融入世界大家庭,在联合国、二十国集团、金砖国家领导人会晤、博鳌论坛和达沃斯论坛等国际平台上一直呼吁"均衡,普惠与共赢",用实际行动推动建立更加公平和公正的国际经济新秩序,与西方国家倡导的"量化宽松"形成鲜明对比。中国经济向世界展示了可持续发展趋势,充当了世界经济增长的火车头,也充当了世界创新的发动机。

基于历史和现实的中国崛起与中国道路

中国和平崛起不仅仅是基于中国现实和战略定位的战略选择,也是中华文明延绵发展的必然。和平崛起战略选择的中国道路是数代仁人志士前仆后继,不懈努力,不懈探索的成果。改革开放以来,中国经济快速发展,社会稳定,综合国力稳步上升,为全球经济和社会发展与和平提供了不懈的动力。中国被视为重塑国际秩序、环球治理的重要力量。中国未来战略走向引起国际社会的高度重视,牵动世界主要国家的战略调整。

中国道路作为一个具有悠久历史和伟大文明国家的现代复兴之路,是迄今为止最为成功的非西方国家现代化发展道路,堪称世界社会发展史上结出的最耀眼的蓓蕾。中国道路一方面为发展中国家提供了有别于西方的道路选择;另一方面也向国际社会展示了中国对于国家发展的理解,为世界各国的发展贡献了自己的经验,包括社会治理的经验和经济发展的经验。中国道路的开创与发展具有普遍性和世界意义。中国道路不是凭空而来的，它基于中华民族长期的历史积淀，坚实的文化基础，具有足够的历史根基和底气。因此，它具有可持续性。

与此同时，中国道路需要进一步深化研究。中国道路有着深厚而现实的中国文化特色。中国道路的研究既要总结其文化内核与中国历史传统的结合，又要总结其现实路径和中国未来战略设计的结合，在历史、理论和实践的三大维度上，在战略定位、战略选择和战略实施的三大支柱上实现中国道路研究的创新和突破。

孔根红博士在阐释中国道路时写道：中国道路又是一条不同于西方的全新的现代化道路。30多年来，中国经济年均增长率接近10%，是同期世界经济年均增长率的3倍多，经济总量跃居世界第二，出口总额跃居世界第一，外汇储备世界第一。4亿中国人摆脱绝对贫穷，被称为人类历史上规模最大的脱贫先例。中国用占世界9%的耕地养活了世界20%的人口，实现了人民生活从贫困到温饱再到决胜全面建成小康社会的历史性跨越。2011年中国人均国内生产总值超过5000美元，达到世界中等偏上收入国家水平。人类历史上还从未有过在如此短的时间、在这样大规模的国家推进现代化的先例，"中国奇迹"创造了世界上发展速度最快、经济实力提升最强的记录，"谱写了人类历史上最重大的国家成就的篇章"。

孔根红博士进一步强调，中国道路是人类历史上前所未有的发展道路，不是西方或任何发展道路的照抄照搬，创造丰富了人类文明成果；中国道路经受住全球金融海啸的洗礼与考验，显示出自己的制度优势；中国道路是中国共产党领导全中国人民立足国情，借鉴人类文明发展经验教训艰苦探索、英勇创造的复兴之路、富强之路、幸福之路，这是这条道路能够成功的秘诀；中国道路是全方位发展进步之路，涉及经济、政治、文化、社会、生态各方面，是一个相互联系、相互促进的整体；中国道路是包容开放之路，它以海纳百川的境界，吸取人类文明优秀成果，与时俱进地进行变革创新；中国道路是和平发展之路，它打破"国强必霸"的强国逻辑，倡导和谐世界、共同繁荣，不输出自己的发展模式，不替代任何发展模式，不威胁别的发展模式；中国道路成就辉煌，但并非完美无缺，不回避发展中存在的问题和来自内外的多重挑战，永远在发展完善中。面向未来，中国道路将以新的姿态屹立于世界。

从理论上阐释中国和平崛起，从学术上研究中国道路，既是对历史的总结，又是对现状的评述，亦是对中国未来的展望与对全球治理与发展的建议与贡献。

第二章

中国和式创新诞生的历史背景

天下将兴，其积必有源。

（宋）苏轼《策断二十三》

我长期生活在英国。有西方人问：中国人不信仰上帝，你们为什么没有垮？我的回答是绵亘数千年的文化，延绵不绝的中华文化——"和"文化——是独一无二的理念、气度、智慧、神韵，是自强不息的民族精神。中华文化是中国人独自原创的。中华民族历史悠久，历经几千年的历史沉淀和融合，形成了海纳百川般的传统文化的博大境界。中华文明自我发展、自我完善、自我保存的历史原因相当复杂，其中的重要一点是无法忽视的——古代中国发明并延续了当时世界上最有效的中央集权政治制度和政治哲学体系。中国古典哲学家的特殊身份——优秀学者和政府官员二者合一——促使中国哲学严谨、独特和包容，具有独创性，有力地保证了华夏文明的凝聚力、向心力和相对完整性。儒家的政治哲学长期稳定了中国古代社会，使农业和手工业有条件稳步发展。培育五谷，纺织丝绸，采焙茶叶，制造瓷器，发明纸张，造福人民，惠及邻邦，古代中国的治国兴邦理念凝聚了中华民族的力量。

中华文化源远流长，从远古至秦、汉以降，这悠悠历史，传承的是五千年华夏民族的智慧，传承的是几千年来对宇宙、自然和真理的探索，积淀下来的是几千年不朽的独特和创新文化。中国和式创新立根原在"坚"岩中，它是根植于中华文明和文化的，是中国自己的本土创新理论。从战略的层面讲，中国和式创新是对于中国的文化自信的重要补充和支撑。"文化自信"是对自身文化价值的充分肯定，是对自身文化生命力的坚定信念，"自信人生二百年，会当水击三千里"。中国古典哲学的精髓是：拥抱矛盾、激励创新，这是"中华文化和文明渗透到中国人骨髓里，融入中国人血液里"的重要佐证。

【本章概要】

本章首先介绍中国和式创新诞生的历史背景，中华文明的起源，中华文明始祖和轩辕黄帝，中华文明与中国"和"文化；然后梳理与中国和式创新价值体系密切相关的先贤、圣哲、深根、沃土，包括范蠡的市场经济理念和王阳明的致良知理念。而张载是儒家思想的集大成者，他在总结中国历史、哲学、辩证法后，对于中国古典哲学的精髓进行了高度概括，本书在多处高度评价张载哲学理念的超越性。

我要向读者强调的是，本书首先是学术论著，它的首要任务是回答中国是如何崛起的。但是向读者真实地介绍我提出中国和式创新的过程以及如何提出的也是非常有必要的，也就是要回答一个"how"的问题，这个问题很重要。我在研究中国创新的过程中，不仅发现矛盾与创新的内在联系，而且意外发现熊彼特在研究《道德论》和《国富论》两部巨著后非常矛盾，百思不得其解，他提出"亚当·斯密悖论"。而后在这种矛盾中他破天荒首次提出"创新"的概念和理论。毫无疑问，他的"创新"理论是在汲取两部巨著的精华和充分理解《道德论》和《国富论》二者的矛盾后，从矛盾中获取营养而提出的。这对于我来讲真是一大幸事。

紧接着，本章分析中国和式创新诞生的内外部环境因素；最后阐释中国哲学的超越性，"和"式创新为什么在中国诞生。

【思考题】

- 中国和平崛起背后的动力是什么？
- 中国和平崛起的软实力是什么？
- 如何从理论上阐释中国和平崛起？

作者于剑桥大学 Judge 商学院

2009年春节我记忆犹新。这一年我在剑桥大学 Judge 商学院（Judge Business School）做访问学者。我居住在剑桥大学沃尔福森书院（Wolfsan College），在这里我度过了中国新年。从沃尔福森书院出发，穿过一片绿油油的草地，步行20分钟到 Judge 商学院上班，这不仅仅是一段愉快幸福的时光，而且在这一段时间里，我可以静静地思考。

在 Judge 商学院的图书馆里，我有幸阅读一本大约2500年前由孙武编写的军事经典《孙子兵法》。这是一本细致展现关于如何打败对手的完整的、睿智的中国哲学著作。其中的一个主要思想是要"不战而胜"。这让我想起中国的和平崛起。中国和平崛起不仅仅是中国崛起的战略选择，而且是华夏五千年文明和中国"和"文化引领中华民族伟大复兴的必然。有证据表明《孙子兵法》在西方首次亮相是在1772年，有记载提到，叱咤欧洲的拿破仑也读到过这本中国经典。

当前，在开展国际商务、制定国际发展战略中运用孙武的哲学并不是什么新鲜事。大量的证据表明，孙武的军事战略已经对当代商界领袖的思想产生了积极的影响。哈佛大学教授迈克尔·波特在给荣誉足球联赛的所有者做演讲的时候也大量引用《孙子兵法》。《孙子兵法》传世两千余年，它并没有因为时间的流逝而失去光泽，它经得起时间的考验，仍对今天的政界、商界起着重要的影响。从那个时候开始，我真正开启了对于东西方哲学和历史的浓厚兴趣。

中华文明的起源

中华文明，亦称华夏文明。它是世界上最古老的文明之一，也是世界上持续时间最长的文明。一般认为，中华文明的直接源头有三个，即黄河文明、长江文明和北方草原文明。中华文明是三种区域文明交流、融合、升华的灿烂果实。在黄河流域诞生的农业文明，受到历史时期自然地理因素的影响，不断向长江流域农业文明过渡、延伸和发展。炎帝和黄帝，是上古传说中黄河流域著名的部落首领，当时部落之间经常发生冲突和战争。炎、黄之外东方有强大的蚩尤部落，相传他们以铜作兵器，勇猛异常。黄帝部落联合炎帝部落，在逐鹿一战中大败蚩尤。从此，炎帝、黄帝部落结成联盟，经过长期发展，形成日后的华夏族，即中华民族。

中华民族是一个伟大的文化民族。中华民族的祖先以持续不断的生命延续实践，创造了共有的文化灵魂。

英国历史学家阿诺德·汤因比指出，世界上有一类文明，经久不衰，文明的载体也始终如一，这类文明虽然古老，但充满适应和变化的能力，在面临挑战之际反而会不断重新激发活力，使自身得到更新，这样的文明在人类历史上，绝对是屈指可数的少数。汤因比所指出的特殊长久、适应能力与众不同的文明，就是独一无二的中华文明。它是中国可持续发展的基因。古希腊成为西方文明的发源地和摇篮，后来的西方文明一直在沿着古希腊文明的路径继承和发扬，而"五月花号"文明进一步将西方文明创新和升华。古希腊伟大的思想家挖掘出了西方文明的源头，古希腊神话蕴含了勇敢、冒险、智慧、节制与个人主义等西方文明精神。而从神话到哲学层面的理性反思，思想家们对世界本源的探索标志着西方文明的开端。印度、巴比伦、埃及，中古时都早已被异族文明彻底洗牌或毁灭。然而华夏文明却依然坚挺而昂然地屹立着。

中华文明始祖和轩辕黄帝

要想了解世界上最有效的中央集权政治制度，必须了解轩辕黄帝文化。轩辕黄帝文化是一个大文化的概念，它包括政治、经济、军事、科学技术、文化艺术、风俗习惯和意识形态等领域。对后代影响最大的是：祖根文化、文化祖根和龙文化等。《春秋命历序》说："黄帝传十世，千五百二十年。"它在中国历史长河中定位是距今 6000 年前至距今 4900 年前。对应考古学文化主要是仰韶文化中、晚期的庙底沟类型和大河村类型。因此，黄帝文化是在这一特定的地域、特定的团体、特定的时代的一种文化。然而这种文化不是机械的、凝固的文化，而是具有容纳性、首创性、辐射性、延伸性、开拓性、生命力十分强大的一种文化。

黄帝，号轩辕氏，他生在"神农氏世衰"部落间掠夺战争纷起的时代，他以自己的聪明才智、智慧和谋略，组织和训练部落里的人们习武为战，应对部落间的冲突和大自然及凶猛野兽的挑战，特别是黄河洪水的威胁。相传黄帝注重发展生产，保存自己。这是中国和平崛起的基因。周围的部落有的表示尊敬和钦佩，有的畏惧其武威和强大，而都来宾服于他，然后结成部落联盟，大家推举黄帝为领袖。制定礼仪，实施教化，创立典章为治世准绳，安置官员到各处治理天下。黄帝以智慧和武力的手段制止了各部落之间的长期混战，建立了国家制度的雏形，使中国原始社会的发展产生了一个历史性的跃变，结束了野蛮时代。人类社会由此进入到文明时代，揭开了中华民族文明历史的第一页。

在轩辕黄帝时代，原始文明在数千年积淀之后进入了一个发明创造大爆发时期，中华文明雏形建立。轩辕黄帝是一个时代的符号和卓越的代表。在轩辕黄帝身上凝聚着先进的文化因素，包容的文化理念，首创性和开拓性的基因。经过数千年的传颂，轩辕黄帝成为中华民族的文明始祖，被塑造为中华文明的一位拥有无穷力量的开拓者，一位智慧超群的发明家，成了凝聚民族力量的符号。

中国"和"文化源远流长

中国"和"文化可以追溯千年，历久弥新。汉语中的"和"字，渊源有自，其来尚矣，在甲骨文和金文中均有所见。字源解说："和"比喻不同人的言论相互响应、相互协调、合拍；言论观点不同，但主调合拍、宗旨一致。在汉语词语"和谐"中，"和"与"谐"近义而有所不同。"和"表示不同声音、不同观点因相合拍、相融合而产生共鸣，强调诸异而致同；"谐"表示相同的声音、相同的观点因一致而统一，强调诸同而大同。"和"的统一性比"谐"更为丰富。

历史上"和"的概念经历了由实转虚的演变过程，它逐渐从形而下的具体器物与感官经验抽象而为形而上的价值理念和精神诉求，用来表达协调、调和、协和、和谐、和睦、和平、平和等思想观念。尤其是处于雅斯贝尔斯所谓"轴心时代"的先秦诸子们，开始对"和"的意蕴、价值、实现途径和理想状态进行理论阐发，使之成为中华民族精神之自觉、自发和自我。"和"成为涵盖自然（天、地、人）、社会（群、家、己）、内心（情、欲、意）等层面与音乐、绘画、饮食和养生等领域的基本原则，以及修身、齐家、治国、平天下的本质规定。可以说，一个"和"字高度概括了中华文明的精神特质。"和"是中华文化的灵魂。

中国"和"文化的内容十分丰富，中国传统文化中包含着许多关于"和"的思想。概括地讲，主要体现在以下两个方面：一是"天人合一、保合太和"的宇宙观。《易经》上讲："乾道变化，各正性命，保合太和，乃利贞。首出席物，万国咸宁。"意思是依据天道的变化，人获得自己的命运和本质，变化会有差异和冲突，但是冲突又要融合，即走向太和，而"和"的价值指向是万国安宁与繁荣，这是符合天地变化之道的。二是"合二而一、仇必和而解"的辩证法和包容、创新智慧。

范蠡的市场经济理念历久弥新

亚当·斯密的大作《国富论》和《道德论》，由于其推动资本主义发展的重要性，被后人称为著名的"两只无形的手"。一只手指市场"私利"的驱力，而另一只手指道德"同情"的制衡。相对《国富论》，《道德论》给西方乃至整个世界带来的影响更为深远。中国的市场经济主导形式表面上看起来是在改革开放之后从西方引入的。然而，市场经济在中国有着深厚的思想渊源，它的思想雏形可以上溯千年。中国春秋时期著名的政治家、军事家和实业家范蠡（前536—前448年）是市场经济思想的先导。

市场经济体制，是市场运行的具体制度安排或运行方式。而市场经济是指市场对资源配置起基础性调节作用的经济。市场经济也可以说是以市场机制的作用为基础配置经济资源的方式。市场经济和计划经济相对，市场经济体制和计划经济体制相对。通常市场经济也叫市场经济体制。市场经济体制是指以市场机制作为配置社会资源基本手段的一种经济体制。市场经济体制下的政府只能作为经济运行的调节者，对经济运行所起的作用只是宏观调控。市场经济指的是一种与商品生产和商品交换相联系的经济组织形式。在市场经济中，不同商品生产者之间相互交换劳动产品的活动形成了商品供给和需求，生产什么商品、采用什么方法生产、生产出来以后由谁消费等问题都依靠供求力量来解决。供求关系所决定的价格的自由涨落自发地调节社会总劳动和资源在不同生产部门之间的分配，刺激生产者改进技术、提高劳动生产率。

范蠡，字少伯，春秋时期楚国宛地三户（今河南淅川县滔河乡）人。他虽出身贫寒，但睿智韬略，年轻时便学富五车、满腹经纶、文韬武略、无所不精，在政治、商业领域均有卓越建树。尤其他在商业领域中所表现出的非凡智慧和人格魅力，极受后世学者们仰慕。他富有哲理的市场经济理论和令人叹为观止的经营技巧，则更为后世企业家们津津乐道。范蠡开始时在越国任大夫，曾辅助越王勾践卧薪尝胆，励精图治，最后一举灭掉了吴国，完成了称霸伟业，自己也因功被封为"上将军"。

范蠡堪称最懂中国文化和市场创新的大商人。在范蠡思想中，追求和谐的天道、地道、人道，"天道要求我们盈满而不过分，气盛而不骄傲，辛劳而不自夸有功。"范蠡在从政、经商活动中淋漓尽致地体现着这一点，这也是他被民间尊为"商圣"的重要原因。他懂得如何变通思维，将创造性思维和产品、品牌属性有机结合；通过创意性的方式向消费者传递产品信息，让消费者主动接受，而非生硬地去传递和灌输；与此同时，对市场观念进行跨越式创新，创新市场，即更好地引领市场，把企业文化和生产技术、管理技术结合起来，以市场为导向，把市场需求、消费者期望、社会责任和先进的实用技术融为一体，采取针对性强、层次性强的目标销售经营模式。这就是"商圣"范蠡颇具现代风范的市场创新战略和营销理念。

范蠡不仅是一位资历雄厚的实业家、商业家，而且还是中国早期商业理论的开创者和实践者。《史记·货殖列传》说范蠡曾拜老子的弟子、战略家、思想家和经济学家计然为师，学习了中国古代最早的商业理论，诸如《贵流通》《尚平均》《戒滞停》等七策。据说他只用了其中五策，便使越国强盛，成为春秋五霸之一。到齐国后，范蠡运用计然的七策积极从事商业活动，19年之中三致千金，大获成功。用今天的话讲，范蠡的成功表明，他谙熟市场经济规律和战略定位，他的商业思想和战略脉络清晰，而且具有很强的创造性和可操作性。

王阳明致良知

亚当·斯密1759年出版的《道德论》给西方乃至整个世界带来深远影响，后来有学者把它称为现代西方社会价值体系的基石。亚当·斯密用"同情"的基本原理来阐释正义、仁慈、克己等一切道德情操产生的根源，说明道德评价的性质、原则以及各种美德的特征，并对各种道德哲学学说进行了介绍和评价，进而揭示出人类社会赖以维系、和谐发展的基础，以及人的行为应遵循的一般道德准则。就道德情操的倡导和塑造，中国有着深厚的历史根基。中国历史上对于道德情操的塑造，可以追溯至《论语》，明代王阳明继承先贤哲学智慧精髓，将中国古代塑造人类道德情操的理念发扬光大，创立"致良知"学说。

王阳明，实名王守仁（1472—1529年），字伯安，宁波余姚人，官至南京兵部尚书，封新建伯，谥文成。他是中国古代著名的哲学家、政治家、教育家和军事家，精通儒、道、佛三家学说，且拥有非凡的军事才能和精湛的文学艺术造诣。因王守仁曾筑室于故乡阳明洞中，世称阳明先生，故称其学说为阳明学，又称王学、心学。王阳明继承宋代陆九渊的"心即理"学说，提倡"知行合一"和"致良知"。王阳明的哲学思想由其学生继承并不断发扬光大，并以讲会的形式传播到民间，形成明朝中晚期思想学术领域中的著名流派——阳明学派。

王阳明一生仕途坎坷，但治学不倦，成就卓著。他创立的"心学"思想体系，积极追求个性解放，冲破了"理学"的传统观念，在中国古代社会后期产生了重要影响，堪称学界巨擘。他的教育思想，敢于反对旧道学的禁锢，有着浓烈的创新精神。其"心学"学说的思想本质是强调个性化的发展、对个人意愿的尊重及对个体创造力的调动，至今仍有很强的现实意义，对于当下领导力的开发有着不可估量的作用。今天谈论的"智者坦荡"是对于王阳明处事自然、洒脱自如、博大胸怀的描述。王阳明曾经被贬，去龙场途中又遇追杀，逃过大难，却清风海阔，不见一丝怨尤。在武夷山一野寺中，他题下《泛海》一诗："险夷原不滞胸中，何异浮云过太空。夜静海涛三万里，月明飞锡下天风。"

这首诗的意思是：我根本就不在乎是顺境还是逆境，所有这一切都跟天空中的浮云一样，风一来，就被吹走了。月夜，我在静静的大海上泛舟三万里，那种痛快的感觉和我驾着锡杖、乘着天风，从高山之巅疾驰而下的感觉一样。由此可见王阳明非一般的坦荡胸怀。

王阳明的"致良知"的学说，充分强调了良知在道德修养中去恶为善的主观能动作用，并使之成为支配人的道德行为的精神本体。良知的说法来源于《孟子》，其含义是指一种"不虑而知"的天赋道德观念。王阳明对此加以发挥，并引进《大学》中的"致"字，《大学》说"致知在格物""格物而后知至"。王阳明认为良知即是天理。通过致良知进一步要求人们首先认识和恢复内心所固有的天理，并由此推及自己的良知于世界上的万事万物，世界上的一切皆得其天理矣。换一句话说，就是把自己的一切行为和活动都纳入中国传统社会道德规范的轨道。其要点包括：第一，良知即是天理。在孟子那里，良知本是一种先验的道德观念，是指恻隐之心、羞恶之心、辞让之心、是非之心，而王阳明对此则作了本体方面的发挥，以为吾心之良知，即所谓天理。把先验的道德良知视为代表世界本原的天理，因而良知便成为人人心中不假外求的道德本原。在王阳明看来，良知是是非之心、好恶之心，是判断是非的唯一标准。第二，良知是心之本体。王阳明认为：良知天理在人们的心中，天理的昭明灵觉就是人心之虚明灵觉。通过它，人们便能很自然地感觉或判断出人的行为的善恶是非，从而推动良知，并使它充分发挥自己的机能，以善念支配人的道德行为的过程，此即致良知的功夫。第三，对朱熹"格物致知说"的改造。朱熹的"格物致知说"强调知识在人的道德修养过程中的作用，忽视了人心在此过程中的能动功能。

知行问题是中国哲学中一个相当古老的问题，知与行的先后及难易问题则是中国哲学家一直未能很好解决的问题。对于这个问题，王阳明的基本立场是主张"知行合一"。其大概意思是，知行同一于心之本体，知行是同一个功夫，知行合一并进不可分离等等。具体说来，他认为，知则必行，不行不足谓之知；真知则必行，不行终非真知；知不限于思想，行不限于行动，知行同是心的两个方面，即知即行。至于其知行合一的目的，王阳明认为：一是为吃紧救弊而发，一是为了论证知行本体本来如此。也就是说，知行合一说的核心内容是知行本体合一，重点在于强调行。知是行的主意，行是知的功夫；知是行之始，行是知之成。至于这里的行，虽然含有社会实践的意义，但说到底只是中国传统社会的道德践履，是专指一种克己功夫。

从张载的"为万世开太平"到"仇必和而解"

我长期在东西方研究和讲授战略管理，给 MBA 和 EMBA 开设战略管理课程。简单说来，战略管理的核心关注的是：战略定位、战略选择和战略实施，又称为战略管理的三大支柱。这里仅从战略管理角度分析一下张载的儒家哲学思想和论断。北宋时期大哲学家张载拥有两个著名的论断：一是广泛传颂的"四为句"中的"为万世开太平"，二是其《正蒙·太和篇》中的"仇必和而解"。用今天战略管理的话语讲，如果"为万世开太平"是战略目标的话，那么，"仇必和而解"就是实现这一战略目标的战略选择。战略选择的成败取决于内外部战略分析和战略创新。"和"是张载哲学体系中的一个重要概念。中国古典哲学的精髓"仇必和而解"，我称之为：拥抱矛盾，激励创新，引领未来，为万世开太平。张载的警世名言，不仅是中国古典圣贤的大同理想，天下一家的宣言，而且是世界主义和世界和平的呐喊。我认为，这是中国高超的政治智慧与和平崛起的基因，这一论断充分体现出中国古典圣贤智慧的与众不同和中国哲学思想的超越意识。既然胸怀"为万世开太平"的高超智慧凝聚的宏伟大志，势必拥有"仇必和而解"的高超智慧凝聚的创新理念。这是中国古典哲学超越意识的重要佐证。只有超越意识的存在，才能完成向高级文明的转化和升华。为便于读者深刻理解从张载的"为万世开太平"到"仇必和而解"的不同凡响之处，这里详细介绍大哲学家张载和他的"四为句"以及他著名的"仇必和而解"论断。

北宋大哲学家张载

张载（1020—1077年）出生于长安（今西安）。其名出自《周易·坤卦》："厚德载物"。张载从小天资聪明，十岁时就表现出不同于常人的品格，"志气不群，知虚奉父命"。少年丧父，使他较早成熟。当时西夏经常侵扰宋朝西部边境，宋廷向西夏"赐"绢、银和茶叶等大量物资，以换得边境和平。这些国家大事对"少喜谈兵"的张载刺激极大，张载年近21岁时，写成《边议九条》，向当时任陕西经略安抚副使、主持西北防务的范仲淹上书，陈述自己的见解和意见，打算联合焦寅组织民团去夺回被西夏侵占的洮西失地，为国家建功立业。

"四为句"，为万世开太平和世界主义的呐喊

张载的不朽的四句名言：为天地立心，为生民立命，为往圣继绝学，为万世开太平。这四句名言流行不衰，根据每一句开头都有一个"为"字的特点，后人就把它称为"四为句"。第一句"为天地立心"。首先，中国古代"天地"一词并不专指自然界。儒家经典《易传》中有一个关于天、地、人的"三才"宇宙模式，表明古人倾向于把天、地、人看作一个整体。因此，"天地"也就是"天地之间"的意思，既包括自然界，也包括个人和人间社会。"为天地立心"是指为社会建立一套以"仁""孝"等道德伦理为核心的精神价值系统。张载在其著作《经学理窟》中，对"立心"的涵义、方法等内容有集中的论述。在张载看来，"立心"也就是"立天理"之心，因为天理"能使天下悦且通"，从而使"天下"必然会普遍接受仁孝之理等道德价值。依据这些资料来看，"为天地立心"的涵义很清楚，其重点不在认识论，而在价值论。第二句"为生民立命"。"生民"指民众，普通人民大众，"命"指民众的命运。这涉及儒家一直关注的"安身立命"问题。史称，张载"喜论命"。历史上长期流行的是命定论，认为人只能听凭命运的摆布，然而张载却认为，只要通过自己的道德努力，人就能够在精神价值方面掌握自己的命运从而赋予生命以新的意义。因此,"为生民立命"是说为民众选择正确的命运方向,确立生命的意义。第三句"为往圣继绝学"。"往圣",指历史上的圣人,儒家所谓圣人,其实就是指人格典范和精神领袖。"绝学",指中断了的学术传统。理学家普遍认为,儒家学统自孟子之后就中绝了,所以要努力恢复。张载继承"绝学",但他却不照搬前人,而是力求创新和继承,在他的学说中有不少内容是六经所未载,前圣所未言的。第四句"为万世开太平"。"太平""大同"等观念,是周公、孔子以来的社会政治理想。到北宋,以范仲淹、李觏等人为代表的政治家、思想家都提出过"致太平"的主张。张载不局限于当下的"太平"秩序,而是以更深远的视野展望"万世"的"太平"基业问题,这是张载的不同凡响之处,超越前人之处。总之,"四为句"涉及社会和民众的精神价值、生活意义、天人合一、学统传承、天下太平、世界主义、开放理念等内容。张载的这种视人类与自然万物一体的平等的观念,一定程度上超越了以往的天下主义,进入一个新境界。"为天地立心,为生民立道,为往圣继绝学,为万世开太平"不仅是中国古典哲学家的大同理想,天下一家的宣言,而且是中国古圣的世界主义与呼唤世界和平的呐喊。这是中国和平崛起的基因,这是中国世界主义和世界和平理念的渊源。

"仇必和而解"拥抱矛盾的创新理念

"有象斯有对,对必反其为,有反斯有仇,仇必和而解。"这是张载《正蒙·太和篇》中的著名矛盾观命题。"对"指矛盾的对立面;"仇"指对立面的斗争;"和"指对立双方统一体的平衡与和谐。二气交感聚而有象,一旦有象便有其对立面,有对立面就会有相反的运动,因而便会有斗争。而斗争的结果则是形成统一体的平衡与和谐。统一体形成平衡与和谐并不是没有对立了。"有象斯有对",对立是永远的、绝对的,而和谐则是有条件的,是对立面斗争的结果。张载的这个命题肯定了任何事物都是处于与他物的对立和斗争之中,这是一个深刻的洞察和见解。然而,他强调"仇必和而解",强调对立双方斗争的结果是平衡、和谐。张载"仇必和而解"的命题充分显示出他博大的胸怀、高超的智慧、包容的心态和创新的理念。正因为如此,"仇必和而解"才成为传世名言。儒家讲究"王道",认为"霸道"只能造成口服心不服,最后必然出现无法解决的矛盾,儒家崇尚以德服人,而非以力服人。只有博大的胸怀,开放的心态,睿智、创新的思维,才能做到"仇必和而解"。我认为,这一论断充分体现出中国古典哲学家智慧的与众不同和中国哲学思想的超越意识。"仇必和而解"的高超智慧凝聚了创新理念,这是中国古典哲学超越意识的重要佐证。

从"为万世开太平"到"仇必和而解"折射出的是中国古代圣贤的高超智慧、博大胸怀和创新理念。而张载在总结中国历史、哲学、辩证法后,对于中国古典哲学的精髓进行了高度概括,使他成为儒家思想的集大成者。

张载认为,一个社会的正常状态是"和",宇宙的正常状态也是"和"……在中国古典哲学中,"和"与"同"不一样。"同"不能容"异";"和"不但能容"异",而且必须有"异",才能称其为"和"。只有一种味道、一个声音,那是"同";各种味道、不同声音,配合起来,才是"和",这是一个很重要的概念。如果只要求"同",不能容"异",就只会一步步走上"仇必仇到底"的道路。

中国和式创新是对现实管理中"仇必和而解"的创新思想的总结和延伸。中国和式创新的核心在于求同存异,有"异"容"异","拥抱矛盾""与时俱进""求同存异""和谐包容"。

"矛盾"与"创新"互相依存

如前所述,这是一本论述有关创新,特别是有关中国创新的书。我在研究古今中外创新的历史、经典、创新战略、创新理论、创新实践和创新种类时,发现了"矛盾存在"与"创新理念"互相依存,发现了非常有趣和有价值的创新理论的交叉和概念的重叠,现加以区分对比,以飨读者。有的交叉关联,有的妙趣横生,有的辩证统一,有的充满矛盾。

汤因比的"挑战和应战"学说

汤因比在其巨著《历史研究》中提出一个核心理论,他认为人类文明起源于"挑战和应战"的过程之中。他的"挑战和应战"学说是一对矛盾。汤因比认为,要揭示人类文明的起源,首先要了解原始社会与文明社会的本质区别,这一本质区别就是模仿方向的不同。在原始社会，人们模仿的对象是已故的祖先，传统习惯占据统治地位，所以社会停滞不前。在文明社会，人们模仿的对象则是富有创造性的人物，传统习惯被打破，社会便处于不断的变化与发展之中。由此看来，文明起源的性质就是从静止状态到活动状态的过渡。这种过渡之所以能够实现，既不是由于种族，也不是由于地理，而是由于人类面对某种困难或挫折的挑战进行了成功的应战。

人类从古代文明到现代文明和当今社会，都曾经面临着内部和外来的挑战，如果内部少数具有创造力的先贤、圣哲和精英能够根据外部环境的刺激和挑战做出适当的回应，甚至改变自身的体制束缚，接受挑战或进行应战，那么，这种文明就富有生命力。又假设这样的挑战不致过于沉重和超负荷，因为过于巨大的挑战或威胁可能毁灭一个社会。同时这样的挑战又不致小到可以忽略不计，因为微小的挑战无法激励内部足够的动力。在一个适度的挑战中，就可以引发少数具有创造力的精英集团的回应，那么社会就进入了文明状态。请看中华文明的诞生，一方面华夏族的先民拥有着广袤肥沃的土地，他们可以春播秋收，养殖畜牧，另一方面先民们又面临着反复的黄河泛滥，外加凶猛的野兽。华夏族的先民始终面临着一定程度的内外部环境刺激、威胁和挑战，在这样的特殊环境里终于诞生了世界上最古老的文明之一——华夏文明。华夏文明是华夏族的先民们在黄河两岸面对大自然的"挑战"和"应战"中独自原创的。华夏文明的诞生是华夏族先民们的重大创新，它具有首创性、延伸性、开拓性，生命力十分强大。

中华文明的起源——黄河文明，它所产生的地理和内、外部环境条件就非常符合汤因比的理论假设。换一句话说，也有可能是汤因比在研究中华文明的诞生后提出的"挑战和应战"学说。有趣的是，"挑战和应战"是一对矛盾。

克里斯滕森的"持续性创新"和"断裂性创新"

哈佛商学院教授克里斯滕森（Clayton M. Christensen）在其著名的《创新者的窘境》（*The Innovator's Dilemma*）和《创新者的答案》（*The Innovator's Solution*）两本论著里，详细地论述了持续性创新（sustaining innovation）和断裂性创新（又译作颠覆性创新 disruptive innovation）。他认为，科技创新不再是可有可无的点缀，而是生存的必需，很多公司可以通过创新获得巨大的利润。按照他的理论，一些新兴公司推出产品时没有宏大的商业计划，它们从市场的底层打入后，逐步扩展，最终在市场高端将对手挤走。克里斯滕森教授称这些产品为颠覆性技术（disruptive technology，或译作破坏性技术）。相反，一些受人尊崇的领先企业因为没有把握住市场与破坏性技术的时机，最终丧失了行业中的领先地位，对于这一现象，克里斯滕森教授在 2003 年的后继之作《创新者的答案》（*The Innovator's Solution : Creating and Sustaining Successful Growth*）中给出了一个看似悖谬、实则合理的结论，那就是良好的管理导致了这些企业的颓败，往日的成绩成了创新的绊脚石。

根据克里斯滕森教授的理论思想，如果新兴公司掌握了某种能打破现有经济模式的新发明，就可以让任何一家领先企业或大公司败下阵来。这种断裂性创新，使许多擅长持续性创新的大公司管理人员陷入恐慌。这就是亚马逊遇到阿里巴巴，或谷歌遇到百度的尴尬和无奈。有趣的是，持续性创新和断裂性创新也是一对矛盾。

"堵塞"与"开启堵塞"理论

我长期以来致力于国际技术转移和创新研究，特别是倾注于中国创新研究。在中国国际技术转移和创新研究中基于对于中国小浪底案例的研究，在2006年出版的《中国技术和知识转移》（英文）一书中提出了知识"堵塞（blockage）"和"开启堵塞（un-blockage）"的理论。就一个国际技术转移项目而论，转让者（transferor）和受让者（transferee）的合作愿望和态度至关重要。特别是受让者不仅要能充分地把握技术的性能和特征，更重要的是受让者要能展示真诚合作的态度和对于知识产权的注重。假如转让者感觉一方面自己要失去核心技术，另一方面自己的合作伙伴又不理想，那么转让者就会"堵塞"技术转移的渠道。一旦渠道堵塞，会给双方带来损失。受让者将会有强烈的挫折感，会想尽办法"开启堵塞"以便最后获得技术转移项目的成功，最后使项目获得进展。这是双方博弈的过程，换一句话来讲，也是提出创新方案的过程。这里的"堵塞"和"开启堵塞"也是一对矛盾。

创新的模式和种类

矛盾与创新互相依存，密不可分，你中有我，我中有你。例如，创新的种类包括：

激进创新与渐进创新。激进创新是指世界上首创的、和现有产品及工艺完全不同的创新。激进创新可以被认为是创新导致与原有技术的脱离。这种新技术可以对于整个世界、整个产业界或者企业来说是全新的。而渐进创新是在这个维度的另一端。渐进创新可能并不是很新的技术，或者与原有技术脱离程度不大。它可能在应用之前就为企业或产业所知晓，并且仅仅包含对现有技术的较小的变化或者调整。

性能增强型创新与性能破坏型创新。从一个特定的企业的角度来看，如果创新是建立在企业现有的知识基础上的，就是一种性能增强型创新。对于一个特定的企业来说，如果技术不是建立在企业现有基础上或者使现有技术作废，这样的创新就称为性能破坏型创新。一项创新是性能增强型创新还是性能破坏型创新取决于从哪个角度去看。对某一个企业来说是性能增强型创新，而对另一个企业来说就可能是性能破坏型创新。

在这些结构严谨的创新种类区分对比和字里行间，不难看出一对对"矛盾"的蛛丝马迹，矛盾与创新真乃互相依存。

熊彼特提出"亚当·斯密悖论"

"亚当·斯密悖论（Smith Paradox）"又被称为斯密问题（Adam Smith Problem）、亚当·斯密难题、斯密之谜。也就是说亚当·斯密在《道德论》中提出的同情心（sympathy）原理与其在《国富论》中提出的利己心（selfishness）原理看起来相互矛盾，因此认为亚当·斯密是受了法国唯物论的影响导致了从前者到后者的思想上的转变。对于亚当·斯密强调"同情心"的《道德论》与强调"私利心"的《国富论》两部著作间是否存在矛盾一直有很大争论。经济学家约瑟夫·熊彼特称这为"亚当·斯密悖论"。熊彼特最初是用德语提出的。在《道德论》一书里，斯密似乎强调人类在慈善动机下的意图与行为的同步性，而在《国富论》里这则被称为"看不见的手"。亚当·斯密宣称，在资本主义体制里，个人依照自己的利益行动时也会提升共同体的利益。于是这便解除了私利的矛盾，他也多次指出对于利己和人类动机的狭窄定义所可能引发的矛盾。不过这并不表示亚当·斯密的《道德论》一书否定了私利的重要性。亚当·斯密本人并不认为这两者存在矛盾，在《国富论》一书出版后，他又发行了经过稍微修正的《道德论》版本。他或许认为道德情操和私利最终都将达成相同的目标。

我在研究亚当·斯密悖论时发现，亚当·斯密首先在1759年出版《道德论》，随后在1776年出版《国富论》。在当时的情况下，熊彼特认为斯密的大作《道德论》和《国富论》是互相矛盾的。也就是说，在那个年代对于《道德论》和《国富论》理解得最透彻、研究得最深刻的非熊彼特莫属了。然而，熊彼特在1911年用德文出版了他的著名大作《经济发展理论》一书。在书中他破天荒首次提出"创新"概念和理论，阐释经济运行发展规律。我大胆推断，他的"创新"理论是在汲取《道德论》和《国富论》两部巨著的精华和充分理解《道德论》和《国富论》二者的矛盾后，从矛盾中获取战略卓识和哲学思维后提出的。

中国和式创新的诞生

在世界近现代历史的发展中，一个民族国家的崛起，常常与其民族精神的崛起和民族文化的兴盛密不可分。在现代社会，一个国家的繁荣昌盛常常与这个国家的创新意识息息相关。

要想创新，引领未来，必须深谙历史，了解过去。知道我是谁？从哪里来？到哪里去？只有知道从哪里来，方向才能更加明确，确信到哪里去。

中国对外开放以来，在机遇与挑战并存、合作与发展共进的全球化背景下，渐进改革，稳步对外开放，一路披荆斩棘，继往开来，博采众长，跻身世界第二大经济体。然而，今天的人口红利已不在，工资上升，成本加大，经济放缓，中国经济如何软着陆？中国经济可否持续性发展？

今日世界，前途未卜，风雨飘摇，乱云飞渡，挑战层出不穷，风险日益增多，人类去向何处？

此时中国，滚石上山，拥抱矛盾，爬坡过坎，与时俱进，风光无限，求同存异，任重道远。古老的东方大国，正以昂扬的姿态屹立在时代的潮头浪尖。

过去近 40 年来，世界上发生了翻天覆地的变化。1978 年中国开启的改革开放，1991 年苏联的解体，2008 年华尔街金融泡沫的破裂，2016 年英美飞出的"黑天鹅"。进入 2017 年还不满 6 个月，英美确实不平静，政治乱象丛生。有英国媒体称，美国白宫危机不断；英国由于脱欧与反脱欧的较量，政坛一地鸡毛。战后英美主导的国际秩序日渐脆弱，一个新的国际秩序正在形成，但主导者肯定不讲英语……

这些大事件改变着世界，颠覆着人们的思维。21 世纪的世界是一个地球村，你中有我，我中有你，是一个呼唤大战略和大智慧的时代。中国的成功引起世界瞩目，与世界分享发展机遇和创新机遇乃中国荣耀，世界期盼。中国学术界乃至国际学术界呼唤中国创新的模式和中国和平崛起的理论。

中国和式创新的诞生有两个重要的原因，一个是内在的原因，一个是外在的原因。如前所述，北宋大哲学家张载认为：人生在世上，就要尊顺天意，立天、立地、立人，做到诚意、正心、格物、致知、明理、修身、齐家，治国平天下，努力达到圣贤境界。我认为，用今天的战略管理的话语讲，为"万世开太平"是战略愿景，理念引领行动，目标决定选择。而"仇必和而解"是实现这一战略目标的战略选择。中国古典哲学的精髓"仇必和而解"——我理解为"拥抱矛盾，激励创新，引领未来，为万世开太平。"

20 世纪 70 年代末，中国进入了一个特殊的历史发展时期。

中国向何处去？横有千古，纵有八荒，上下五千年，纵横数万里，中华文明，源远流长，博大精深，圆融大气。中国古代蕴含创新思维的哲学智慧，"仇必和而解"——"拥抱矛盾"激励创新，这为中国问题提供了高屋建瓴的理论指导。站立在960万平方公里的广袤土地上，吸吮着中华民族漫长奋斗积累的文化养分，拥有13亿中国人民聚合的磅礴之力，我们走自己的路，具有无比广阔的舞台，具有无比深厚的历史底蕴，具有无比强大的前进定力。

于是，根植中华文明，"先天下之忧而忧，后天下之乐而乐"，秉承儒家倡导的忧患意识和道德实践，"礼之用，和为贵"；弘扬道家倡导的对人类前途的终极关怀，"回归自然"和"可持续发展观"，中国和式创新在远思古时哲学智慧精髓，近贴现代中国发展脉搏中，油然而生（本书第六章将详细阐释中国和式创新）。

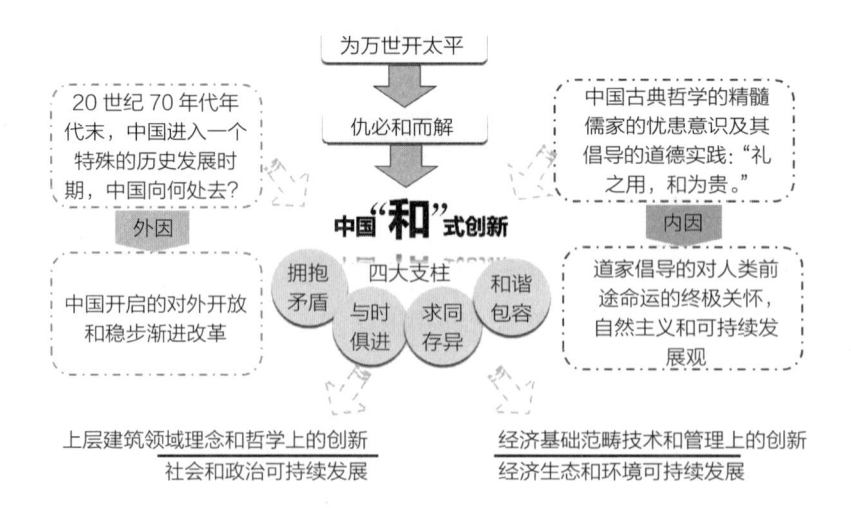

"和式创新"为什么在中国诞生

中国古典哲学的特质和哲学家的双重身份是"和式创新"在中国诞生的主要原因。尽管东西方哲学精英对于中国古典哲学有不同的看法，但是对于中国古典哲学的超越意识却有着一致的认同。中国古典哲学有着明显的超越倾向。中国古典思想中的世界秩序是绝对"现世的"（this worldly），完全不带有西方超越模式所熟悉的那种"两个世界"（two-world）的对立。超越性至关重要，只有超越才能完成向高级文明的转化。事实上，西方专业哲学家很少参与向西方学术界介绍中国哲学的工作。大体上来讲，西方社会和西方哲学界不仅是"无视"中国哲学，而且是"蔑视"。事实上，"哲学"一词的涵义在东西方语境中有很大不同。

中国哲学家传统上具有卓越学者和政府官员的双重身份。不仅如此，他们还有极为丰富的阅历。他们的战略和理论思考与其实际工作有关，他们着重政府和社会工作的日常运作，问题和矛盾的处理和协调。特别是儒家哲学的代表人物——孔子，他不仅做官，而且做过好多种官，还曾经做过高官。孔子出生的春秋时代是中国历史上一个战乱不断的残酷的时代。孔子做的第一个官是季氏吏，也就是鲁国三大家族"三桓"之一季氏家族的小吏，是负责管理仓库的。他在鲁国做过"中都宰"，相当于今天的县长。孔子在鲁定公十年（公元前 500 年）被任命为大司寇，他由大司空转任为大司寇，并兼任代理相国，诛杀乱臣少正卯，稳定鲁国物价，路不拾遗、商客宾至如归。很快，鲁国的复兴让邻近的齐国感到非常的担忧。于是，他们向鲁国发出了"糖衣炮弹"（美女、骏马、珠宝）。鲁定公被击中，开始整日沉迷于女色歌舞声中，渐渐疏远了孔子和诸大臣。看到此种情景，孔子对鲁国彻底失望了，开始了为期14年的周游列国。孔子的儒家思想体系正是在这战乱不断、变革动荡、错综复杂的环境里逐渐形成和发展起来的。

儒家思想是中国传统文化的主流，其以民为本、仁者爱人、为政以德等思想对当今以德治国有着重大的意义；其天人合一、和而不同、以义制利等思想契合当今的人与自然、人与人之间的可持续与和谐发展。儒家思想自孔子创立以来，到张载梳理儒家哲学精髓，从提出"为万世开太平"至"仇必和而解"，经过历代学者的发扬和统治者的改造，逐渐形成完整的儒家思想体系，成为中国传统文化和价值的主流。其博大精深的文化品格，在世界文化史上具有重要影响，对当今中国社会乃至环球治理都具有重要的现实意义和指导意义。

道家思想的创始人老子也是春秋时期的人，是中国著名的思想大家、教育大家、哲学大家。老子担任过管理书籍的官职，他在学习了前人哲学思想的基础上形成了独成一派的道家思想。老子思想的集大成《道德经》，围绕"道"这一宇宙万有的本体，纵论宇宙、人生、社会万象，揭示其变化发展的规律，构建起朴素自然、豁达、飘逸的宇宙观、社会观、人生观和方法论，框架宏大、涵盖万物，给后世留下了丰富的哲理宝藏。它像一个永不枯竭的井泉，放下汲桶、唾手可得。老子哲学的精髓不但精辟独到，而且能与时俱进。2500多年来，它不但没有因为时代的变迁而显得落伍，不合时宜，相反随着时间的推移越来越显现出其哲理的光辉和永恒的生命力。

北宋大哲学家张载，是我国北宋时期著名的思想家、教育家，他被后世的人称为横渠先生，尊称为张子。张载在年轻的时候喜欢跟人讨论兵法，后来又转而学习儒家的"六经"，曾经担任过著作佐郎、崇文院校书的官职。

我认为，中国古典哲学的精髓，换一句话说，就是张载"仇必和而解"的著名论断引领中国和式创新在20世纪70年代末的诞生，人类提前进入21世纪。

毋庸置疑，1978年开启的中国的改革开放是世界历史上的重大事件。它是21世纪的重大事件，它不仅开启了世界上最古老、最文明国家的走向变革的伟大航程，而且将改变人类发展的进程。用今天通俗的语言，假如英国开启的工业文明和全球化是1.0，美国主导的2.0全球化是西方工业文明的延续和科技创新的此起彼伏和层出不穷，那么，中国主导的全球化必将成为人类创新文明的3.0版本。假如在20世纪美国引领的是科技创新，那么，21世纪中国必将引领世界的是社会创新和政府创新。中国和式创新引领政治、社会、经济和环境可持续发展，它必将引领世界潮流，引领未来。

第三章

当代中国的政治走向

积土成山,风雨兴焉;积水成潭,蛟龙生焉。

《荀子·劝学》

如前所述，就中国发展的机遇期而论，如果把 1978 年开启的中国的改革开放看作是中国战略机遇期 1.0 的话，那么，2017 年正式开启的"一带一路"的倡议就是中国战略机遇期的 2.0。有人认为，人类 21 世纪是从中国开启改革开放的 1978 年开始的，它改变了当代中国的政治走向，促进了中国的和平崛起，加快了中华民族伟大复兴的进程。而"一带一路"倡议作为人类当代发展史上宏大而独特的实践创新，不仅促使中国经济进入新常态，而且必将改变世界发展的历史进程，促进世界人民摆脱贫困，走向可持续发展道路。

中国古代丝绸之路的灿烂历史，浓缩了亚欧大陆的政治经济文化和社会的变迁，见证了东西方物质文明和精神文明的交流和交融。通过商品流通，人文交流，技术互动，宗教传播和文明包容，丝绸之路沿线人民共同谱写了史诗般的乐章，凝练成了"和平合作，开放包容，互学互鉴，互利共赢"的伟大丝路精神。丝绸之路在人类历史上发挥了无可替代的作用，对推动东西文明交流和对话乃至整个人类文明的发展做出了无与伦比的贡献。

中国和式创新是一种刚柔相济、智者求同的共建、共享、共赢的战略模式,是中国特色的社会创新,是社会问题提出的新颖的、创新的解决方案。从某种程度上来讲,中国和式创新与丝路精神密切相关,一脉相承,中国和式创新理念将作为中国和平崛起的软实力与中国"一带一路"的倡议同行。

本章与第二章承上启下,相互呼应。第二章详细介绍了中国"和"文化与华夏五千年的文明史,梳理了范蠡的市场经济理念,王阳明的致良知,以及张载从"为万世开太平"到"仇必和而解"的著名论断。现在看来,华夏五千年的文明史也是中国和式创新的历史。如果西方文明是古希腊哲学、罗马法律、日耳曼习俗与基督教信仰的融合,那么华夏文明则是五千年来一脉相承,一以贯之,炎黄血脉代代相传,华夏精神不断传承光大。中国历史上朝代更替,中国文化却万变不离其宗。中国文化虽然异彩纷呈,但儒、释、道最终合为主流文化。佛教虽然为外来文化,但其早已与华夏文化融为一体。外族虽然几度入主中原,但它们同样汇入华夏文化。中国作为仁义之国、礼仪之邦,曾经威震四夷,泽惠万邦。中华文明生生不息、浴火重生,这无疑是中国"和"文化创造的奇迹以及中国"和"文化强大的生命力。中国"一带一路"的倡议将创造中国新的战略机遇期，也是中国"和"文化的延续，它必将成为中国和平之路、繁荣之路、开放之路、文明之路和创新之路，它必将进一步促进世界和平、繁荣与开放，播种华夏文明、世界文明之花，通过中国和式创新理念，为世界带来更多、更好的创新机遇。

【本章概要】

我深深地知道，要想阐释中国和平崛起的路径，要想阐释中国的创新模式，必须理解当代中国的政治走向，理解中国新的战略机遇期，理解中国"一带一路"的倡议。我于2017年6月3日上午在北京有幸深度访谈《当代中国政治走向》一书的作者——李君如教授。刚刚从南美洲出差回来的他不顾旅途的疲劳，欣然接受了我的访谈，我不胜感激。李君如教授温文尔雅，思路清晰。我们一起愉快地度过了两个小时，话题涉及：习近平治国理政把中国传统文化作为战略资源，中华民族伟大复兴的中国梦，中国特色的社会主义，经济全球化成就了中国的和平崛起，中国"一带一路"倡议的选择，中国新的战略机遇期，中国宏大而独特的实践创新，经济全球化的升级版，中国社会管理创新工程,中国和式创新与中国和平崛起,等等。这些均构成了当代中国的政治走向。

以下是我访谈的内容。

【思考题】

- 当代中国的政治走向是什么?
- 为什么中国把传统文化作为战略资源治国理政?
- 为什么说全球化成全了中国的和平崛起?

【李君如教授简介】

李君如　中共中央党校原副校长，研究员，博士生导师，国务院颁发政府特殊津贴享受者。中央马克思主义理论研究和建设工程咨询委员、科学社会主义课题首席专家。现任中直机关侨联主席，兼任中国人权研究会副会长。第十届全国政协委员，第十一届全国政协常委。长期从事马克思主义中国化思想史研究。出版了《观念更新论》等数十部著作，其中由《毛泽东与近代中国》《毛泽东与当代中国》《毛泽东与毛泽东后的当代中国》组成的"毛泽东研究三部曲"获第十一届"中国图书奖"；发表了《邓小平的"治国论"》等数百篇论文，其中《邓小平的"中国特色社会主义论"》《邓小平的管理思想与领导艺术》获中宣部"五个一工程"优秀论文奖。第二届（2005）中国发展百人奖获得者。2008年，荣获联合国"艾滋病防治特殊贡献奖"和澳大利亚金袋鼠奖。

李君如教授

习近平治国理政把中国传统文化作为战略资源

李华：在世界近现代历史的发展中，一个民族国家的崛起，常常与其民族精神的崛起和民族文化的复兴密不可分。在现代社会，一个国家的繁荣昌盛常常与这个国家的创新意识息息相关。

要想创新，引领世界潮流，引领未来，必须深谙历史，了解过去。知道我是谁？从哪里来？到哪里去？

从《习近平谈治国理政》一书中很容易看出：习近平非常重视中国传统文化的传承与发展，把中国传统文化和华夏文明作为治国理政的战略资源，高瞻远瞩，难能可贵。我多次读到您的文章阐释习近平治国理政，借此机会想请您进一步进行解读。

李君如：习近平一系列重要讲话，其最重要的特点，是围绕着治理一个什么样的国家、怎样治理国家这一根本问题，提出了当代中国马克思主义的治国理政思想：建设一个活而有序的社会，解决伴随改革发展而来的种种矛盾和问题，把中华民族的复兴大业推进到了一个崭新阶段。在这个阶段，建设一个什么样的国家治理体系、怎样治理国家的问题突显出来了。

习近平治国理政思想包括国家发展的根本方向、奋斗目标、发展动力、工作中心和总布局、国防和祖国统一、外交、党的领导和党的建设等主要内容。这是一个有丰富思想内涵和内在逻辑的科学体系。

李华：中国对改革开放前的历史时期进行正确评价，不用改革开放后的历史时期否定改革开放前的历史时期，也不用改革开放前的历史时期否定改革开放后的历史时期。用中国和式创新的理论去解读，这是"拥抱矛盾""与时俱进"的战略思维，是一种超越的战略理念。2017年初，中共中央办公厅国务院办公厅印发《关于实施中华优秀传统文化传承发展工程的意见》，也是一种"拥抱矛盾"和"与时俱进"的战略思维，中华优秀传统文化传承和发展非常重要。

李君如：在治国与治党的关系上，习近平秉持的理念是"治国必先治党，治党务必从严"。在治党问题上，敢于下"先手棋"，形成强大的震慑力，是习近平治国理政思想的一大特点。我们正在以坚定的道路自信、理论自信、制度自信、文化自信，全面深化改革，有针对性地破解国家治理中的种种难题，推进国家治理体系和治理能力现代化，完善和发展中国特色社会主义，这彰显了中国共产党人今天的治国理政方式和治国理政能力。

李华：习近平把中国传统文化作为战略资源治国理政，这在当代领导人中是不多见的。

李君如：这是时代发展的需要，时代变了，理念也需要变化。首先，这是解决当代中国社会主要矛盾提出的时代课题。改革开放以来，我们认识到在社会主义初级阶段，要解决的社会主要矛盾是人民日益增长的物质文化需要同落后的社会生产力之间的矛盾。根据这样的认识，我们解决这一社会主要矛盾，就要坚持以经济建设为中心，通过改革开放解放和发展社会生产力。为此，就要在改革中突破传统生产关系的束缚，建立和发展社会主义市场经济体制。而要发展市场体系，解决市场经济发展中出现的新问题，就要进一步改革和完善上层建筑，从执政党建设着手，改革党的领导方式和执政方式；进而，就要全面深化改革，进一步解决国家治理体系和治理能力现代化问题，解决国家制度现代化问题。这就是中国改革的实践逻辑。

其次，这是改革发展稳定的实践提出的时代课题。近40年改革开放，中国发生了天翻地覆的变化，这种变化体现在思想大解放，生产力大解放，社会财富大增加，国家经济实力大提高上，这是有目共睹的事实。溯源这些变化，就在于改革把中国社会内在的生机和活力极大地激发了出来。然而，事情就是这样复杂，就在我们把中国搞活的同时，出现了许多乱象，包括党内腐败从滋生到蔓延，引起人们对国运的担心。这就要求我们治乱，建设一个活而有序的社会，解决伴随改革发展而来的种种矛盾和问题，把中华民族的复兴大业推进到了一个崭新阶段。在这个阶段，建设一个什么样的国家治理体系、怎样治理国家的问题突显出来了。传统的方式和理念会有局限性，把中国优秀传统文化和现代化思想相融合，培育全社会核心价值观，现有的治国理念与中国传统文化的融合就形成了一种必然。换一句话说就是，把中国传统文化和华夏文明作为战略资源。

当代中国的政治走向

李华：对于任何人来讲，要想解读中国近40年强劲崛起的路径，要想阐释中国崛起，阐释中国的创新模式，了解当代中国的政治走向至关重要。很多人给我推荐您的《当代中国政治走向》一书，请您谈谈本书的主旨和主要思考？

李君如：当代中国，对一些人来讲是一个充满希望的起点，对一些人来讲是一个永远难解之谜，对一些人来讲则是莫名的恐惧。希望、神秘、恐惧，来自对当代中国快速发展的各种解读，更来自对当代中国政治走向的各种理解。我希望人们对希望充满信心，用探索来取代神秘，把恐惧留给历史。因为当代中国的政治走向，是用"科学发展""和谐发展""和平发展"这些文明元素构成的文明中国的政治走向。

李华：您的这些深度思考深邃、生动、简练，不仅高度概括了当代中国的政治走向，而且充满哲理。

李君如：就当前中国的政治走向，首先是"科学发展走向"，为了13亿中国人的民生，为了13亿中国人的人权，为了13亿中国人共同生活的国家的强大及其在国际上的地位，中国必须把发展，把科学发展，作为当代中国第一位的政治。这是中国人付出巨大代价，从历史提供的落后就要挨打、贫穷不是社会主义、增长不等于发展等教训中领悟到的真理；这是中国人经过艰辛探索，从当代中国发展规律的认识中选择并坚持的战略道路。

第二是"和谐发展走向"，众所周知，一个经过战乱、内乱、动乱的民族，对"和谐""和平""和睦"有着更为深切的理解和渴望。发展需要安定团结，改革和发展要与稳定相统一，社会要更加和谐，当代中国不同阶段的不同话语，实际上表达的是同一个意思，就是和谐包容。在当代中国，人民群众对和谐的期盼与执政党对和谐的追求，已经汇成一股推动中国平稳快速发展与和谐发展的政治潮流。

第三是"和平发展走向",在处理好人与自然的关系、人与人的关系、人与社会的关系中发展自己,是当代中国的神圣使命;在处理好中国与外国的关系中发展自己,也是当代中国的时代要求。完成这种使命和要求,既需要责任,也需要智慧。中国走和平发展道路、和平崛起的郑重宣示,把中国人对世界承担的责任与东方民族的政治智慧融为一体,向世人展现了当代中国的明确政治走向。

中华民族伟大复兴的中国梦

李华:如何理解经济全球化背景下的中国政治走向?"中国梦"是中国政治走向的一个重要的组成部分。

李君如:"中国梦"是中国人的理想和追求。这不是一句空话。经过1949年到1978年近30年的艰辛探索,1978年开始了历史性的大转折,这种转折不仅仅是工作重点由"以阶级斗争为纲到以经济建设为中心的转折",而且是经济体制、政治体制和其他各方面体制的大转折,是全社会的管理方式、活动方式和思想方式的大转折,是把一个落后的农业国转变为强大而又使人可亲的现代化国家的大转折。这是一场广泛而深刻的变革。经过1978年到现在近40年的和平崛起与现代化建设,已经把一代又一代中国人的梦想一步又一步地变为正在实现的现实。

李华:您的这一阐述不仅仅是对"中国梦"的解释,它实际上从更深层次回答了国内外关心的中国是如何实现社会、政治、经济和环境可持续发展的。要实现"中国梦",就必须要以经济建设为中心,对经济和政治体制等进行深化改革。

李君如:"中国梦"以生动形象的语言,反映了近代以来在中国社会内部涌动着并紧密结合在一起的爱国主义和社会主义两大进步思潮的要求,凝结着近代以来中国历代志士仁人的理想,当代中国的追求和未来中国的走向,是连接中国的历史、现实和未来的民族复兴之梦。从"康乾盛世"这一落日的辉煌中,中华民族因夜郎自大而错失工业化的机遇,到鸦片战争清政府因落后而挨打后,在西方列强的炮舰政策下中国丧失主权,逐步沦为半殖民地半封建国家。从那时开始,求得民族独立和人民解放,实现国家繁荣富强和人民共同富裕,就成为中华民族面临的两大历史性课题,成为一代又一代中国人始终不渝追求的民族复兴之梦。

李华: 您说得是两个梦,一个是"民族独立和人民解放"之梦,另一个是"国家繁荣富强和人民共同富裕"之梦。

李君如: 是的。由于中华民族的复兴之梦,要解决的是两大历史性课题,我们的梦想也就包括了"民族独立和人民解放"之梦和"国家繁荣富强和人民共同富裕"之梦两大梦想。如果从1840年鸦片战争算起,到2050年我们基本实现现代化,中华民族的圆梦之路长达200多年。

第一个100年,是圆"民族独立和人民解放"之梦。为了实现我们的民族复兴之梦,必须先解决中华民族面临的第一个历史性课题。从洪秀全领导的太平天国运动开始，到康有为、梁启超推动戊戌变法，再到孙中山领导辛亥革命，前赴后继、英勇奋斗，都是为了圆"民族独立和人民解放"之梦，但都没有取得成功；一直到以毛泽东为主要代表的中国共产党人，经过28年艰苦卓绝的斗争，使得中国人从此站立起来了。也就是说，中国足足奋斗了一个多世纪，才圆了"民族独立和人民解放"之梦。

第二个100年，是圆"国家繁荣富强和人民共同富裕"之梦。实现"民族独立和人民解放"，为圆"国家繁荣富强和人民共同富裕"之梦，创设了不可或缺的政治和社会前提。但是"国家繁荣富强和人民共同富裕"之梦如果实现不了，按照毛泽东的说法，我们仍然会被"开除球籍"。因此，只有实现了这个梦想，才能最后实现民族复兴这一"最伟大的中国梦"。但由于我们对于在中国这样一个人口多、底子薄的东方大国建设什么样的社会主义、怎样建设社会主义没有经验，走了不少弯路，一直到中国实行改革开放，中国才真正走上了中华民族伟大复兴之路。

李华："中国梦"和当代中国政治走向引起世界瞩目。我在英国和美国时注意到很多人也把"中国梦"与他们自己的梦想联系到了一起，很多学生表示他们希望毕业后到中国找工作，追求他们的梦想。

李君如：海内外人士关注当代中国的政治走向是一种历史的关注，全方位的关注。他们关注当代中国的经济走向及其对世界经济的影响，他们关注当代中国的文化走向及其同世界各种文明的关系，他们关注当代中国人的社会生活特别是年轻人的民族心理走向。

中国特色的社会主义

李华：我在研究中国竞争力和中国可持续发展时注意到中国特色的社会主义是必须涉及的当代中国的主题，是阐释中国崛起和中国创新模式时必须涉及的当代中国的政治主题。

李君如：中国特色的社会主义在中国的出现和兴起首先是因为科学社会主义在实践中碰到了一系列难以回避的问题；其次，我们必须要直面苏联社会主义出现的问题，充分认识社会主义模式的多样性，以及如何在经济文化比较落后的国家建设、巩固和发展社会主义；综合考虑以上因素，中国特色的社会主义就成为中国必然的选择。

经济全球化成全了中国的和平崛起

李华：中国崛起背后的动力是什么？中国由衰到强是不争的事实。但这种转变和崛起是突然爆发的，还是有深厚的历史和文化根基？还是有悠久的文明和丰富的思想作为支撑？如果是前者，其兴也勃，其衰也忽，如此看来，没有可持续发展。如果是后者，那么就意味着由于长期的历史积淀，坚实的文化基础，并抓住重大契机，通过创新，中国找到了正确的解决方案。这样中国崛起就具有传承性和历史的延续性，必然可持续发展。

李君如：中国在崛起过程中不仅吸收借鉴人类文明成果，而且又弘扬中华文明和中国传统文化。中国积极参与经济全球化，大胆学习和借鉴世界各国的经验。中华民族是一个善于学习的民族，我们的先哲孔夫子说过"三人行，必有我师焉"。改革开放以来，我们到世界各地学习，我们在这样的学习中搞现代化，搞市场经济。与此同时，我们又强调自身的精神文明建设，继承和弘扬中华民族几千年积淀下来的爱国主义传统和团结统一、爱好和平、勤劳勇敢、自强不息的精神，克服我们前进中的问题和困难。

我要强调的是，中华民族在历史上是由许多民族融合发展而起来的，形成了"和而不同"的文化传统，强调以和为贵、兼容并蓄，而不是飞扬跋扈、蛮横无理。在中国崛起过程中，我们坚持平等相处、和平相处，坚持不称霸。

李华：经过改革开放近 40 年的探索和发展，中国在经济发展和社会治理方面，取得了令人瞩目的成就。对于很多国家来说，判断纷繁复杂的内外部环境寻找出路自然重要。但对于中国，理解已经发生和正在发生的变革或许更为重要、更为迫切。这种期待要求在对中国经验的梳理和反思中，对中国和平崛起的路径的研究和分析中，得到观念提升，价值提升，将其上升到理论层面。如何破解中国近 40 年经济持续、高速、稳固发展之谜？

李君如：近 40 年来，中国的快速发展引人注目，已经成为国际社会的热门话题。这里的一个核心问题就是怎样估计中国在 21 世纪上半叶的根本动向。一是怎样评估中国已经取得的进展？这实际上是指中国的硬实力。中国的经济实力和综合国力的确取得了实实在在的发展，此不赘言。二是如何看待中国在 21 世纪上半叶的发展道路？这实际上是中国的经验，中国的软实力。我着重谈谈中国的软实力。

中国开辟了一条和平崛起的发展道路。中国过去几十年经济发展的成就，不只是几个数据就能说明的，一个十几亿人的大国，从贫困走向富裕，走向现代化，没有一套方针政策以及与此相联系的体制和机制，管理系统和价值体系是难以想象的。

为什么把中国实现现代化的道路称为"和平崛起的发展道路"，这是因为中国作为一个后兴大国，不是像近代历史某些后兴大国那样依靠对外侵略、扩张和掠夺资源，而是通过和平方式取得现代化建设所需要的资金、技术和资源。

中国之所以能够用和平方式取得资源，一个极其重要的条件就是实行了对外开放政策。面对经济全球化，与时俱进，积极参与经济全球化，通过国际市场引进中国现代化所需要的资金、技术和各种资源。在这个意义上来说，经济全球化成全了中国的和平崛起。我们利用国际国内"两个市场""两种资源"，实现中国的现代化。

李华： 是的。您讲的"经济全球化成全了中国的和平崛起"有道理，有说服力。把困扰世界的问题简单归咎于经济全球化，既不符合事实，也无助于问题解决。从哲学上说，世界上没有十全十美的事物，因为事物存在优点就把它看得完美无缺是不全面的，因为事物存在缺点就把它看得一无是处也是不全面的。经济全球化确实带来了新问题，但我们不能就此把经济全球化一棍子打死，而是要适应和引导好经济全球化，消解经济全球化的负面影响，让它更好惠及每个国家、每个民族。中国对经济全球化也有过疑虑，对加入世界贸易组织也有过忐忑。但是，中国认为，融入世界经济是历史大方向，中国经济要发展，就要敢于到世界市场的汪洋大海中去游泳。所以中国勇敢地迈向了世界市场。这是正确的战略抉择。

中国的和平发展道路与和平崛起

李华：我知道您和郑必坚教授长期共事合作。郑必坚教授是中国和平崛起理论的提出者。他最近还好吗？

李君如：郑必坚教授高瞻远瞩，从 2004 年起，他研究中国和平崛起发展的道路，明确提出要同周边国家和地区，同一切相关国家和地区构建利益共同体。郑必坚教授已 80 多岁了。他身体很好，很忙，仍忙于很多论坛和学术活动。

我们在思考和谋划中国与世界关系时，怎么"走出去"首当其冲。从开放全局来考量，中国和平发展道路能不能成功，关键取决于自身能力，根本在于文明复兴。

近年来，中国周边关系出现新变化，邻海主权争议也趋于明显，中国与世界的关系更趋复杂。一些人据此怀疑中国的和平发展道路还能否坚持。

中国与世界关系的新变化，是天下大势给我们的外交与国际战略提出的新课题。今天，我们倡导和平发展、合作共赢，指向的范围比以往任何时候都广泛，原来更多针对的是美国、欧洲，现在不光要考虑美欧问题，还要统筹考虑其他区域，全方位坚持我们的和平发展道路，实施开放战略。

对外开放这种新趋向，要求我们在战略调整中把握好几个政策要点。首先，应坚持和平发展道路。中国在发展过程中不挑战国际秩序，但应同世界各国，特别是新兴市场化国家一起推进世界秩序的改革。其次，在和平发展合作基础上坚持共赢原则，形成更广泛的利益交汇点，扩大利益共同体。可以说，中国从对外开放到加入 WTO，走和平发展道路，实际上就是在努力形成和扩大各方的利益交汇点，这不仅对中国而且对世界都将带来极大的好处。再次，在战略互信基础上，建立多种形式的危机预防和控制机制，把危机控制在安全和发展的范围内。国际事务中不可能没有危机，关键是形成危机预防和控制机制。此外，还应通过深化国内改革来引导国际舆论，向世界展示中国强大而可亲、可信的新形象。

李华：我在美国发表演讲时，有人问我，中国已经成为第二经济大国，下一步如何发展？总的来讲，他们对于中国能否持续走和平发展道路与和平崛起持怀疑态度。

李君如：经济总量已经居于世界第二的中国，是不是还会坚持走和平发展道路？世界上一些人总是喜欢以历史上"国强必霸"的西方逻辑，捕风捉影，抹黑中国，渲染中国威胁论，干扰中国的发展。这个问题关系到中国的国际形象，需要回答。

要跟上时代前进步伐，就不能身体已进入 21 世纪，而脑袋还停留在过去，停留在殖民扩张的旧时代里，停留在冷战思维、零和博弈的老框框内。今天的世界已经发生巨大的变化，不能再用过去那种"思维"和"逻辑"来看待中国的发展和进步。中华民族是爱好和平的民族，中国人民对战争带来的苦难有着刻骨铭心的记忆，对和平有着孜孜不倦的追求，十分珍惜和平安定的生活。中国的和平发展道路来之不易，是新中国成立以来特别是改革开放以来，我们党经过艰辛探索和不断实践逐步形成的。我们正在为实现"两个一百年"的目标而奋斗，正在为实现中华民族伟大复兴的中国梦而奋斗，实现我们的奋斗目标必须有和平的国际环境。

一带一路：中国新的战略机遇期

李华：如前所述，"一带一路"的大格局毫无疑问不仅是中国新的战略机遇期，也是中国为世界带来的战略机遇期。很多外国领导人都指出了这一点。

中华文化博大精深，中华文化的精髓时刻滋润着中华民族的生命，涵养着中华民族的文化基因和精神生活，它不仅是中国人民的宝贵财富，也是世界人民的宝贵财富。要认真汲取中华优秀传统文化的思想精华，深入挖掘和阐发其讲仁爱、重民本、守诚信、崇正义、尚和合、求大同的时代价值。

英国广播电视（BBC）日前发表名为《西方文明可能以何种方式崩溃》的文章称，西方社会这一"稳定的自行车"依靠经济增长而不断转动，如果这种向前推动的力量变慢或停止，民主、个人自由、社会宽容等就会摇摇欲坠。如果没有办法让车轮重新开始转动，西方社会最终将面临全面崩溃。加拿大滑铁卢巴尔西利国际关系学院全球系统主席托马斯·荷马－迪克森（Thomas Homer-Dixon）预测西方社会将发生和罗马类似的情况，在崩溃之前会将人和资源撤回核心的本土。"当局部暴力爆发，或者另一个国家或团体决定入侵时，崩溃就难以避免。"在某些情况下，文明会悄悄消失——直至成为一段历史，而且不会造成多大的轰动。他说，民主、自由的社会将会失败，而像中国这样拥有更强大的政府的国家将是赢家。

我认为上述学者的看法有一定道理。实际上，2016年发生的英国脱欧和特朗普当选都是这种衰落的显露。而与西方颓废现象形成鲜明对比的是，中国2017年"一带一路"的倡议向世界昭示，中国正携华夏五千年文明和创新重返世界之巅。

您如何评价中国的"一带一路"倡议？中国在"一带一路"沿线会有大笔的投入。中国不输出自己的制度，但可以输出自己经济建设的经验、创新模式？

李君如：我历来不主张输出自己的理念、价值观和制度。看一看那些输出自己制度的国家，他们是失败的。

但中国通过推进"一带一路"的倡议将会更清楚地阐释中华

优秀传统文化的历史渊源、发展脉络、基本走向,讲清楚中华优秀传统文化的独特创造、价值理念、鲜明特色。要按照时代的新进步、新进展,对中华优秀传统文化的内涵加以挖掘、阐释、拓展、创新,增强其影响力和感召力,使中华民族最基本的文化基因与当代文化相适应、与现代社会相协调,以人们喜闻乐见、具有广泛参与性的方式推广开来。

"一带一路"的倡议与中欧战略合作

李华: 为促进中欧战略合作,为中国强劲崛起发声,《瞭望中国》在欧洲设立了代表处。请谈谈您对于中欧战略合作的期待?您对于《瞭望中国》欧洲代表处的期待?

李君如: 欧洲文明是一部百科全书,吸引着很多人的关注。尤其自文艺复兴运动和工业革命以来,欧洲文明在人类文明的历史长河中激起了一阵阵波涛。从历史哲学的角度看,欧洲文明富于近现代文明。中华民族有着悠久的历史和文化传统,但是在近代落伍了,也由此而产生了中华民族复兴和中国崛起的问题。这种复兴和崛起就其实质而言,就是要在较短的时间内实现中国的现代化。这就要求我们要善于学习和借鉴欧洲文明及其提供的经验。中国的崛起只是这一进程中的最新内容,它有力地拉近了中国与欧洲的距离。

中欧之间不存在根本的利益冲突,互不构成威胁。一个和平崛起的中国一定会与欧洲构筑长期稳定的伙伴关系。第一,欧洲和中国一样都处在和平崛起的进程中;第二,中欧之间的共同点大于分歧；第三，中欧在经济上的互补和合作具有极大的潜力。中国的和平崛起为欧洲提供了富有吸引力的市场。

中欧作为世界上两个重要的经济体、东西方文明的发祥地，是维护世界和平的两大力量、促进共同发展的两大市场、推动人类进步的两大文明，双方合作具有"洲际效应"。"一带一路"倡议，从历史深处走来，顺应和平、发展、合作、共赢的时代潮流，承载着丝绸之路沿途各国发展繁荣的梦想，赋予古老丝绸之路以崭新的时代内涵。"一带一路"倡议的稳妥推进，将为深化中欧双边经济合作，加强人文交流，增强尊重互信，共同维护地区稳定和世界和平创造更多有利的条件。"一带一路"已成为连接中欧彼此的重要纽带。

《瞭望中国》在欧洲设立代表处是个好消息，《瞭望中国》英文版是个好主意。可以从《瞭望中国》翻译一些文章，也可以直接英文征稿。这样，世界可以更好地了解中国。

作者与李君如教授

一带一路：中国宏大而独特的实践创新

李华： 2017年5月14日，在中国珠海，我全程观看了习近平在"一带一路"高峰论坛上主旨演讲实况转播，很受鼓舞。在北京雁栖湖畔，外国政要逐一走过长达50米的红地毯与中国领导人握手的场景，确实让人兴奋不已。这是只有在中国北京才出现的景象，这是中国实力的展示，也是世界的期盼。

如前所述，中国的战略机遇期是中国自己创造的。假如把20世纪70年代末开启的中国对外开放解读为中国机遇期的1.0的话，那么，于2017年正式提出的"一带一路"倡议，不仅是中国机遇期的2.0，也是中国带给世界的机遇期。"一带一路"倡议是当代人类历史上宏大而独特的实践创新，以推进中国全方位对外开放为起点，从维护开放型经济体系和全球自由贸易体系出发，促进区域经济合作，共谋社会和环境发展，共建富强和繁荣，实现互利共享。这是当今国际合作和全球治理的创新模式和积极探索，是中国进行国际国内形势战略分析后的战略选择。

李君如： 认同你的看法。"一带一路"对于中国的可持续发展和对世界未来的发展至关重要。习近平在"一带一路"国际合作高峰论坛发表主旨演讲时指出，"一带一路"建设已经迈出坚实步伐。我们要乘势而上、顺势而为，推动"一带一路"建设行稳致远，迈向更加美好的未来。习近平以战略家的眼光，从中国可持续发展和经济全球化的战略高度对推动"一带一路"建设，提出以下战略思想：

第一，我们要将"一带一路"建成和平之路。古丝绸之路，和时兴，战时衰。"一带一路"建设离不开和平安宁的环境。我们要构建以合作共赢为核心的新型国际关系，打造对话不对抗、结伴不结盟的伙伴关系。各国应该尊重彼此主权、尊严、领土完整，尊重彼此的发展道路和社会制度，尊重彼此的核心利益和重大关切。

第二，我们要将"一带一路"建成繁荣之路。发展是解决一切问题的总钥匙。推进"一带一路"建设，要聚焦发展这个根本性问题，释放各国发展潜力，实现经济大融合、发展大联动、成果大共享。

第三，中国要将"一带一路"建成开放之路。开放带来进步，封闭导致落后。对一个国家而言，开放如同破茧成蝶，虽会经历一时阵痛，但将换来新生。"一带一路"建设要以开放为导向，解决经济增长和平衡问题。我们要打造开放型合作平台，维护和发展开放型世界经济，共同创造有利于开放发展的环境，推动构建公正、合理、透明的国际经贸投资规则体系，促进生产要素有序流动、资源高效配置、市场深度融合。我们欢迎各国结合自身国情，积极发展开放型经济，参与全球治理和公共产品供给，携手构建广泛的利益共同体。

第四，我们要将"一带一路"建成创新之路。创新是推动发展的重要力量。"一带一路"建设本身就是一个创举，搞好"一带一路"建设也要向创新要动力。我们要践行绿色发展的新理念，倡导绿色、低碳、循环、可持续的生产生活方式，加强生态环保合作，建设生态文明，共同实现2030年可持续发展目标。

第五，我们要将"一带一路"建成文明之路。"一带一路"建设要以文明交流超越文明隔阂、文明互鉴超越文明冲突、文明共存超越文明优越，推动各国相互理解、相互尊重、相互信任。

一带一路：经济全球化的升级版

李华："一带一路"的倡议是中国全方位对外开放的旗帜和重要载体，也是中国推动世界经济改革的尝试，是经济全球化的升级版。通过"一带一路"的建设，中国为低迷的世界经济和全球治理带来了全新的"中国方案"。

李君如：建设"一带一路"，是中国主动应对全球形势深刻变化、统筹国内国际两个大局提出的倡议。它对推进中国新一轮对外开放和沿线国家共同发展意义重大。当前，经济全球化深入发展，区域经济一体化加快推进，全球经济增长和贸易、投资格局正在酝酿深刻调整，亚欧国家都处于经济转型升级的关键阶段，需要进一步激发域内发展活力与合作潜力。"一带一路"倡议的提出，契合沿线国家的共同需求，为沿线国家优势互补、开放发展开启了新的机遇之窗。

"一带一路"在平等的文化认同框架下谈合作，体现的是和平、交流、理解、包容、合作、共赢的精神。随着中国成为世界第二大经济体，国际社会上"中国威胁论"的声音不绝于耳。"一带一路"的建设，正是中国在向世界各国释疑解惑，向世界宣告中国走和平发展道路与和平崛起，中国和平崛起不以损害别国的利益为代价。

李华：中国以和式创新模式和平崛起，正面回应"文明冲突论"，力避修昔底德陷阱，破解崛起大国必然挑战守成大国的魔咒，改写大国崛起的理论。

中国社会管理创新工程

李华：我注意到您最近在大力推进社会管理创新工作，这和我基于对于中国竞争力和中国可持续发展研究提出的中国和式创新有很多关联之处，中国和式创新确切地讲属于中国特色的社会创新。请您谈谈何为"社会管理创新"及其意义。

李君如：加强和创新社会管理是一个非常复杂的工程，各级政府及学界均在理念转变和理论创新上有所努力。那么，加强和创新社会管理已在理论上实现了哪些创新？尚需从理论层面上进行哪些突破？

首先，对中国特色社会主义的认识升华了。中国特色社会主义不仅仅要发展经济、政治、文化，还要加强社会建设。这就是一个零的突破。其次，我们明确了社会管理的格局，这个格局就是要形成党委领导、政府负责、社会协同、公众参与的格局。这个格局和过去相比，当然，党委领导政府是我们的传统做法，当然要以新的经验丰富它、发展它。社会协同、公众参与是一个全新的理念，这是一个理论创新的表现。再次，我们明确了社会管理是围绕经济建设、社会建设展开的，因此有一个很重要的中心任务，就是要以改善民生为重点，加强社会建设，创新社会管理。这也是一个很重要的理论创新，因为社会管理可以为某些少数人服务，我们党是为人民服务的党，要代表中国最广大人民的根本利益，所以，民生是我们社会建设、社会创新的一个重点。最后，我们明确了社会管理创新要以构建社会主义和谐社会为目标。今天，加强和创新社会管理，都是本着社会和谐的目标。和谐，是既要承认不同利益群体有不同的利益追求，又要能够在中间找到一个平衡点，使大家各尽其能、各得其所、和谐相处。

加强和创新社会管理，首先是全面推进中国特色社会主义事业发展的需要。中国特色社会主义的事业有一个总体布局，最初我们讲是经济建设、政治建设、文化建设三位一体的布局。

李华：您所提出的社会管理创新与我提出的中国和式创新确有关联之处，比如，中国和式创新有四大支柱支撑。这四大支柱是：拥抱矛盾，与时俱进，求同存异，和谐包容。四大支柱互相依存，各领风骚。

中国和式创新有着广阔的发展前景

李华：您提出创新社会管理这个概念非常重要。中国和式创新理论是基于对中国技术战略和创新战略、中国竞争力和中国可持续发展提出的。社会创新在20世纪90年代以来，日益受到各国政府、学术界、民间组织和国际社会的关注和重视。中国和式创新作为中国社会创新的重大突破，不仅是解决中国社会问题的重大战略方案，而且为国际社会政治改革提供可行的战略途径，引领其实现政治、社会、经济和社会的可持续发展。

我曾在《瞭望中国》发表《中国携华夏五千年文明和创新重返世界之巅》和《中国和式创新与和平崛起，破解近 40 年中国经济持续高速稳固增长之谜，中国社会政治经济和环境可持续发展之根》。请谈谈您的看法。

李君如：我们谈论了当代中国的政治走向，谈论了中国崛起的事实和中国发展的成就。能够从理论上学术上阐释中国和平发展与和平崛起的路径非常重要。只有从理论上阐释中国崛起，才能更好、更完善地讲好中国故事，为中国发声。中国特色的社会创新有着广阔的发展前景。

第四章

国际政治局势与中国和平发展道路

天下之事，虑之贵详，行之贵力，

谋之于众，断之在独。

【明】张居正：《陈六事疏》

当代国际政治走向，正如我在第一章所述，2016年是具有标志性的一年。世人把英国脱欧称为"黑天鹅逆袭"，然而黑天鹅2016年第二次放飞，在6月英国公投脱欧后，11月特朗普当选为美国第45任总统。2016年发生的事件必将改变历史，而以西方政治动荡的一年之名载入史册。

现在看来特朗普总统是不达目的不罢休，而又不计后果的不多见、不常见的商人"政治家"。在他大笔一挥退出TPP（跨太平洋伙伴关系协定）后，G7（西方七国集团首脑会议）领导人在巴黎气候协定挽留美国也未能奏效。特朗普退出巴黎气候协定不仅直接招致前总统奥巴马和20多位州长与市长的激烈反对，而且招致世界领导人特别是欧盟领导人的谴责。奥巴马指出，退出巴黎气候协定是不明智的，这让美国加入了少数"拒绝未来"的国家行列；而德国总理默克尔则向世界表示欧美的关系已经结束，欧洲必须依靠自己，掌握自己的命运。然而，如果你关注新闻的话，在很多重大议题上，德国领导人却与中国领导人达成了默契。

第四章　国际政治局势与中国和平发展道路

▼

【本章概要】

　　我深深地知道，要想阐释中国和平崛起的路径，除了理解当代中国的政治走向，还必须了解当代国际政治局势和政治走向。《瞭望中国》执行社长孔根红博士的《看清前方的路：国际政治与中国战略》一书对于国际政治走向的深刻分析和对于中国战略独到的解读，为理解我提出中国和式创新理论提供了一个大的国际背景。从战略管理的角度讲，本章是继深刻理解中国和式创新的内部分析——《当代中国政治走向》后的外部战略分析——国际政治走向。

　　在过去近一年的时间里，我有幸与孔根红博士多次就中国和平崛起战略的选择与如何阐释中国和平崛起的路径进行深度交流。孔根红博士对于用中国和式创新理论阐释中国崛起路径，从学术上解读中国近 40 年持续高速稳固增长之谜十分赞赏。孔根红博士对于中国和式创新理论发展的内涵和外延以及进一步完善提高提出了积极、诚恳的意见，很有见地，充满真知灼见。2017 年 6 月 1 日孔根红博士在北京百忙之中又抽出时间接受我的访谈，不胜感激。这次交流的内容主要包括：当代国际局势与政治走向，中国和平崛起的内外部环境，中国和平崛起的战略选择，中国和平崛起的路径，中国和平崛起的软实力，等等。不难看出，中国和平崛起战略的选择，和平道路的实施，在这两章里占据很大篇幅，这样有利于读者理解中国和式创新与中国和平崛起的关系，从理论上来讲中国是如何做到和平崛起的。

这次荣幸在孔根红博士北京的办公室访谈了他，并拍照留念。下面是我们交流的内容。

【思考题】

- 当代国际政治局势和政治走向如何？
- 中国和平崛起的渊源是什么？
- 谈谈中国和式创新未来的发展趋势。

【孔根红博士简介】

孔根红博士，现任《瞭望中国》执行社长，历任大学教师、机关干部、兼职教授，长期从事国际政治、国际形势、国外政治制度、世界政党、中国对外战略等领域的研究。从 1995 年起，历任中共中央对外联络部研究室综合研究处副处长、调研二处处长、综合处处长，中国国际交流协会研究室主任，副局级参赞，中共湖南省岳阳市委副书记（挂职）、中共湖北省孝感市委副书记（挂职）。孔根红曾担任中联部当代世界出版社社长兼总编辑，《当代世界》杂志社社长兼总编辑，中联部当代世界研究中心筹备组组长，理事会秘书长，中联部研究室正局级参赞兼副主任。

孔根红博士

当代国际局势与政治走向

李华：我经常在《瞭望中国》上读您的文章，很有思想和见地。非常同意您提出的看法：2016 年是世界两大政治现象与国际形势的"拐点"。围绕"英国脱欧现象"，特别是"特朗普现象"，世界上各路学者，众说纷纭，莫衷一是，仁者见仁，智者见智。究其背后深层的原因，反映或折射出老牌"资本主义社会面临的巨大危机",反映出冷战结束初期他们短暂的喜悦情怀被冷战结束后的悲观情怀所取代,反映出在全球化背景下发展中国家群体性崛起之后老牌发达国家的复杂心态甚至心态失衡,反映出民众对现实的不满和对变革的诉求。

非常认同您对于当代国际局势的战略分析,特别是您对于英国脱欧和特朗普当选的分析。

孔根红:就国际政治格局而论,我在《看清前方的路:国际政治与中国战略》一书中曾用美国和西方有"10个没料到"来形容:一没料到昔日所谓冷战的"胜利者"成为今日的"失落者";二没料到苏联和东欧剧变后,却反常地标志着西方阵营的困境及其在世界领导地位下降的开始;三没料到俄罗斯会"抵抗西方势力和西方价值观",最后弃西方而去;四没料到新型大国如此快速进入世界舞台;五没料到中国非但没有跟着苏联"垮台"反而"横空出世";六没料到"历史终结轮"成为"历史乌托邦标志";七没料到世界范围内资本主义意识形态同质化幻想被打破;八没料到金融危机导致"美国模式""华盛顿共识"遭遇"声誉扫地"之忧;九没料到新世纪过去的日子是"西方焦头烂额和失落的日子";十没料到"世界对美国的改变远远超过美国对世界的改变"。

李华:您对于美国和西方的"10个没料到"的概括非常精彩!我在美国和英国与一些学者聊天时,他们也表示了同感。

孔根红:与此同时,中国以多种身份进入世界体系,特别是一个"共产党领导的社会主义国家改变了国际政治格局结构",

引起了世界上不同的声音在评论中国，不同的立场看待中国，不同的态度对待中国，不同类型的国家在全方位聚焦中国：支持、期待、炒作、捧杀、质疑、忧虑、牵制、敌意、围堵者应有尽有，"中国模式"成为国际政治中热议、热门、热点与敏感话题。

中国和平崛起取决于当代国际国内政治走向

李华： 中国对于和平崛起战略与和平道路的选择取决于中国对于内外部环境的战略分析。请您谈谈中国的内外部环境。

孔根红： 就内部环境而论，中国的和平崛起与和平发展之路，与中华文明血脉相通。中国人自古珍视和平，将"和"视为人类相处的最高境界，崇尚"以和为贵""协和万邦"；把人类看作一个整体，主张"各美其美，美人之美，美美与共，天下大同"；推崇睦邻友好、友善相处，笃信"四海之内皆兄弟""远亲不如近邻""亲望亲好，邻望邻好"；尊重文化差异、"和而不同"，倡导"万物并育而不相害，道并行而不相悖""海纳百川，有容乃大"；向往天下太平，奉行"己所不欲，勿施于人"理念，反对强加于人，主张"化干戈为玉帛"，深明"国虽大，好战必亡"之大义。选择和平崛起，走和平发展道路是中华传统政治文化脉络的延续、继承与创新。

就外部环境来讲，经济全球化、社会信息化、多媒体和互联网技术创新正在深刻改变并塑造着我们生存的世界，地球村已经不是一种概念，而变成了一种现实，地球变小，世界互动增多，国与国之间的联系更密切，人类社会相互依存、利益交融，达到了前所未有的广度和深度。世界多极化深入发展，一大批新兴国家迅速崛起，区域集团不断发展壮大，不同类型、不同制度、不同信仰、不同发展阶段的国家同处一个共同的市场，成为国际舞台上的重要力量。

世界潮流，浩浩荡荡，顺之则昌，逆之则亡。中国走和平发展道路，中国选择和平崛起的战略是中华文明的和平基因确定的。

中国和平崛起渊源："和"文化与和平基因

李华：给您谈一点我个人的爱好。我从小就对于历史和哲学感兴趣。从打我四五岁记事的时候起，记得父亲在村里带徒教授"四书五经"、大学、中庸、孔子和孟子。他常常提起中国的传统文化，儒家的"以和为贵"和道家的"无为而治"，我受到很大影响。中国"和"文化博大精深，影响深远。请您谈谈对于中国"和"文化这个问题的理解。

孔根红：在过去的工作期间我曾多次访问日本。日本人提出他们把"和"的理念与"和"文化运用在企业管理的各个层面，不断传承和发展。甚至有人认为"和"文化源于日本。这是一种不了解"和"文化渊源的错误观念。"和"文化的最高境界在中国，华夏五千年的历史也是"和"文化的历史。是什么让华夏文明绵延数千年，又浴火重生？除了早期延续下来的中央集权制度和严谨的政治哲学体系，一个非常重要的原因就是中华民族独创的文化，创新文化，中国"和"文化。

数千年来，优秀的政治文化深深影响了中华民族的思想和行为方式，中华民族以酷爱和平著称于世。历史上的"丝绸之路"，向东南亚、南亚和西方各国传播的是中国的铁器、丝绸、养蚕缫丝、铸铁术、井渠法和造纸术等技术，"丝绸之路"开辟的是贸易之路、文化之路、和平之路。中国唐朝时期，高僧鉴真历尽千辛万苦，先后6次东渡日本，带去了大量中国书籍文物，他留居日本10年，传播中国文化，讲授佛学理论，促进了日本佛学、医学、建筑和雕塑水平的提高，受到中日人民和佛学界的尊敬。鉴真根据中国唐代寺院建筑的样式，为日本精心设计了唐招提寺的方案。经过两年，唐招提寺建成了，这是日本著名的佛教建筑。明代著名航海家郑和率大舰队"七下西洋"，远涉亚非30多个国家，这是中国和世界航海史上的伟大壮举，也是中外关系史上的空前伟业。郑和下西洋前后绵延近30年之久，向沿途国家宣德化、柔远人、析矛盾、解纠纷、兴贸易、弘宗教，带去的是中华灿烂文明和先进科技，传播的是"亲仁善邻，国之宝也"的中华文明，留下的是和平与友谊。

李华：看来中国历史上的丝绸之路就是和平之路，友谊之路，文化之路，贸易之路。中国先贤们在丝绸之路上传播的是和平理念、文明理念和友谊理念，播种的是和平和友谊之花。

孔根红：是的。英国哲学家伯特兰·罗素（Bertrand Russell）曾高度评价中国和平的"和"文化，他说，中国人天性是喜好和平的。他在《东西方文明比较》一书中指出："在中国人所有的道德品质中我最推崇他们平和的气质,这种气质使他们在寻求解决争端时更多的是讲究平等公正,而不是像西方人那样喜欢仰仗实力。"他在《中国问题》一书中还写道:"中国至高无上的伦理品质中的一些东西,现代世界极为需要。"这些品质"若能够被全世界采纳,地球上肯定会比现在有更多的欢乐祥和"。

中国走和平发展道路不是空穴来风,也不是无源之水,无本之木,它是对中华优秀政治文化的传承和发展。

中国和平崛起绝不跌入修昔底德陷阱

李华:西方确实有一些人,他们对于中国的崛起不仅仅是纠结,而且有一种恐惧感。他们了解鸦片战争和八国联军的历史。英国对于美国的崛起没有遏制,在某种情况下,英国欢迎美国的崛起。因为英美拥有同一种语言,分享相同的价值观,美国崛起也是西方文明的一种延续。但西方对于中国的崛起就另当别论了。

了解国际政治和大国崛起历史的人都知道"修昔底德陷阱(Thucydides Trap)"。您怎么看这个问题?崛起的中国如何与美国和平相处?

孔根红:正如前面提到的,中国拥有和平的基因,中国拥有儒家和道家的哲学智慧。中国不走对抗冲突的老路,中国绝不会跌入修昔底德陷阱。古希腊历史学家修昔底德写了一本《伯罗奔尼撒战争史》。当年雅典和斯巴达两个最大城邦之间爆发战争的根源,是雅典作为新兴强国快速增长的实力,引起了斯巴达这个既有强国的恐惧，最后双方不可避免兵戎相见，后人把这种新兴国家与既有强国之间必然发生战争的现象，称为"修昔底德陷阱"。这位历史哲人的预言成真，历史上大国真的没有摆脱"修昔底德陷阱"。近代大国崛起过程中，曾出现过挑战现存大国 15 例，发生战争 11 例。英国、法国、德国、俄罗斯、意大利、奥匈帝国等在其大国的崛起过程中，都通过战争取代了先前的霸权国。日本在明治维新崛起之后，迅速走上军国主义道路。然而，任何跌入"修昔底德陷阱"的国家没有一个好下场，他们上演的是两败俱伤的历史。建立在广大殖民地和半殖民地人民血泪基础上的日不落帝国，在 20 世纪中叶分崩离析。帝国主义国家为争夺霸权、重新瓜分世界，发生了两次世界大战，最后以失败告终。20 世纪中后期，美苏争霸，导致苏联解体，美国也没有创造出"历史的终结"。

历史上，中国没有参与大国争霸的传统。对此，英国历史学家汤因比看得最清楚。他在比较研究世界各种文明的发展后得出结论：中国这个东方大国从来没有对其疆域以外表示过帝国主义野心，传统上就是一个大而不霸的国家。

中国和平崛起的战略选择符合中国国情

李华：就战略管理而言，战略定位和战略选择都必须基于内部分析和外部分析。毫无疑问，上面我们谈到了中华文明的和平基因，世界大国崛起的历史，中国和平崛起破除了崛起大国必然挑战守成大国的历史魔咒。这实际上属于内部分析和历史分析的范畴。我了解您对于国际政治和国际关系有很深刻的研究，您对于国际局势有很深刻的洞见。下面请您谈一下中国和平崛起的外部环境和您对国际局势现状的解读。

孔根红： 当今中国与世界已经成为实实在在的利益相关者。和平发展道路使中国的命运同世界的命运紧密联系在一起。改革开放使中国日益融入国际社会，同世界建立了更加紧密的联系，同世界的交流合作不断推进。中国对世界的依靠、对国际事务的参与在不断加深，世界对中国的依靠、对中国的影响也在不断加深。中国的发展离不开世界，世界的繁荣稳定也离不开中国。基辛格在《论中国》一书中提出一个颇具说服力的看法，他认为21世纪中美两国会不会重演19世纪末英德对抗的一幕，依据是中美之间正在结成日趋紧密的利益共同体，双方每年的贸易额已经接近5000亿美元，相互投资超过800亿美元，每年的人员往来高达350万人次。基辛格认为未来中美之间的决定性竞争更可能是经济竞争、社会竞争，而不是军事竞争。基辛格看到一个基本的事实，那就是中美和世界各国都不愿看到中美爆发冲突。中美谁也离不开谁。

打开的国门永远不会关上。走和平发展道路，对中国有利，对世界有利。既通过维护世界和平发展自己，又通过自身发展维护世界和平。中国走和平发展道路坚定不移。

多年来，国内外对中国发展水平有种种误判：有的认为中国是发达国家；有的将中国发展水平与美国相提并论；有的国内外学者喜欢将"中国崛起"与"美国衰落"进行对比，甚至认为中国要超过美国、挑战美国。所有这些都夸大了中国的发展水平，是对中国目前的发展水平、发展阶段，总之，对一个真实的中国还认识不清。

中国人对自己国家所取得的伟大成就感到自豪。但我们在看到自己的成就同时，也要清醒看到中国发展的实际水平，也要清醒看到中国发展所面临的实际问题和困难，也要清醒看到，要让中国人真正过上好日子，路还很长。中国人真心希望要有长期和平稳定的国际环境。

中国已经成为世界第二大经济体，但许多指标远不是世界第二。人均收入水平排在世界80多位，按国际组织标准，中国现在还有2亿人生活在贫困线以下，中国东西南北中地区发展差距大，城乡发展不平衡，有1亿人在城市的棚户区里生活，有2亿多农民在城里工作，他们还没有享受到同等的公共服务，中国城镇化发展滞后，还有6~7亿人居住在农村。中国人口多、底子薄，经济社会发展成果13亿多人共享，社会保障体系还不完善，经济社会发展结构性矛盾，资源环境发展的瓶颈制约突出，转变经济发展方式任务艰巨，中国自主创新能力较弱，在国际产业体系和贸易分工中仍处于产业链低端。

上述基本国情、发展水平和发展阶段，决定了中国仍将是一个发展中国家，决定了中国必须集中力量推进现代化，而中国的现代化是世界五分之一人口的现代化，在人类历史上史无前例，面临的问题、难题和困难可想而知。求和平、求发展是中国长期的任务，和平稳定的国际环境是发展的基本前提。

李华：您对于中国真实情况的分析太重要了。这些数字不仅需要中国人了解，而且应让世界了解，了解一个真实的中国。

地球村的村民需要和睦相处

李华：今天"地球村"的概念已经成为现实，地球变小。有人认为，中国与世界的距离几乎为零。中国已经成为世界上仅次于美国的第二大经济体。地球村中中国的 13 亿"村民"的一举一动备受世界的瞩目。贫穷的时候，人们不去在乎你，当你富裕了，你的一切将受到全世界的审视，全体地球村民的审视。

孔根红：有道理。生活在这样的世界，第一，必须树立新的国际政治观。时代的发展与进步，要求我们要抛弃一切陈规陋习，要求我们放弃冷战、热战旧思维，要求我们身体和脑袋要同时进入新时代。第二，必须树立人类命运共同体意识。人类只有一个地球，各国共处一个世界，国际社会的每个行为体都是"利益攸关者"；面对日益增多的全球性挑战与威胁，任何国家都不可能超然物外，独善其身，必须洞察"环球同此凉热""一荣俱荣、一损俱损"的连带效应，那种以邻为壑、转嫁危机，零和博弈的陈旧思维，只能引火烧身，引发冲突甚至战争，给自身及人类社会带来严重灾难；人类命运共同体、利益共同体这一全球价值观包含相互依存的国际权力观、共同利益观、可持续发展观和全球治理观。第三，必须形成各国共同发展的时代思维。今天的世界，任何国家都难以片面追求自身利益而罔顾他国利益，国际社会应以同舟共济、合作共赢的新理念，寻求多元文明交流互鉴的新思路，寻求各国合作应对多样化挑战和实现包容性发展的新道路；倡导人类命运共同体意识，树立共同利益观，要求我们在追求本国利益时兼顾他国合理关切，在寻求自身发展时兼顾别国发展，促进各国共同发展。第四，必须要看到和平与发展是人心所向，众望所归，大势所趋。和平与发展是当今时代的两大主题，和平、发展、合作、共赢是不可阻挡的世界潮流。要和平，不要战争，要发展，不要停滞，要对话，不要对抗，要理解，不要隔阂是当今世界的必然趋势。

中国和平崛起的内涵及其意义

李华：从中国的历史和现实来看，中国选择和平崛起的战略是中国崛起的明智选择。近40年来，中国真正地实现了和平崛起。请您谈谈中国和平崛起的现实意义，中国和平崛起的内涵和外延。

孔根红：中国和平崛起有着深刻的现实意义。中国和平崛起与中国发展的和平观是把世界的机遇转变为中国的机遇，把中国的机遇转变为世界的机遇。中国人民的梦想同各国人民的梦想息息相通。中国将自身发展经验和机遇同世界各国分享，欢迎各国搭乘中国发展的"顺风车"，一起来实现共同发展。

中国发展的和平观是中国走和平发展道路，也呼吁其他国家都要走和平发展道路，只有各国都走和平发展道路，世界才安宁，各国才能共同发展。各国要共同维护国际和平，以和平促进发展，以发展巩固和平。

中国发展的和平观尊重文明的多样性。世界上有200多个国家和地区，2500多个民族和众多宗教，世界文明丰富多彩，每一种文明都是人类共同的宝藏。不同文明没有高低优劣之分，只能平等相待、和平共处。以自身文明的普世性消灭其他文明的个性不符合人类文明发展的规律，弱肉强食、丛林法则不是人类共存之道，穷兵黩武、强权独霸不是人类和平之策。和而不同、求同存异、聚同化异、包容互鉴、相互欣赏、彼此尊重、取长补短、和谐共存，各得其所，才能增进各国人民友谊、推动人类社会进步、维护世界和平。

中国和平崛起与中国和平发展道路的内涵，简单概括就是"和平、发展、合作、共赢"这八个字，这八个字是一个整体，相互联系，相互作用，相互促进。具体包含三个重要理念。

第一，中国和平崛起与发展的和平观。发展的和平观坚持发展与和平的有机统一。和平与发展是人类的企盼，是当今时代的两大主题。和平与发展相辅相成，互为条件，谁也离不开谁。和平是发展的根本前提，发展是维系和平的根本保障。历史昭示，没有和平的国际环境，什么也干不成。发展是硬道理。没有发展，是导致世界不稳定和冲突的重要根源。第二次世界大战后世界经济的发展得益于相对和平的国际环境。中国改革开放取得的巨大发展成就，同样得益于相对稳定和平的国际环境。

和平与发展是历史进步潮流，不可阻挡。和平与发展是全人类的崇高事业，但目标远未完成，任重道远。当今世界，既创造了前所未有的发展机遇，也带来了需要认真对待的新威胁、新挑战。解决当今全球层出不穷的新问题、新挑战，唯一的出路在于求和平，促发展。和平与发展，是当今世界各国人民的共同利益所在。

中国发展的和平观是将中国的发展与世界的和平发展紧密地联系起来，通过争取和平的国际环境发展自己，又以自身的发展维护和促进世界和平。中国始终是世界和平发展大业的维护者、建设者和贡献者，随着中国的进一步发展，将为世界和平与发展事业做出更大的贡献。

中国发展的和平观主张平等相待，相互尊重。各国主权应受到尊重，反对干涉别国内政，尊重各国自主选择的社会制度和发展道路，尊重彼此核心利益和重大关切。国家无论大小强弱，世界各国一律平等，不能以大压小、以强凌弱、以富欺贫。国际社会大家庭成员要平等相待。要倡导公平公正的发展，让发展机会更加均等。各国都应成为全球发展的参与者、贡献者和受益者。中国充分尊重各国维护本国利益的正当权利，中国坚决维护自己国家的核心利益。

中国发展的和平观融独立自主于一体。发展归根到底要靠本国自身努力。各国要根据自身禀赋特点，制定适合本国国情的发展战略。世界的命运必须由各国人民共同掌握。各国主权范围内的事情只能由本国政府和人民去管，世界上的事情只能由各国政府和人民共同商量来办。中国的对外开放是以独立自主为基础的对外开放，中国的和平外交是独立自主的和平外交。

第二，中国和平崛起与发展的合作观。发展的合作观坚持以合作促发展。冷战终结，打破了过去两个平行市场的障碍，经济全球化加速发展，科技进步突飞猛进，生产要素优化重组，产业转移加速推进，世界各国与全球市场相互联系、相互依存的程度不断加深，为世界各国发挥各自优势、参与国际分工和合作、推进经济社会发展带来了历史性机遇。各国加强合作，以合作促发展是全球化时代的必然逻辑。在全球化的舞台上，任何国家都不可能与世隔绝，孤军奋战，只有通过各自优势互补，在良性竞争中互惠互利，共享资源、资金、技术和市场，寻求各方利益的交汇点，不断寻找合作机会，扩大合作领域，才能促进自身的发展。中国是国际大家庭的一员，坚持以合作促发展，同世界各国建立和发展了广泛的合作关系，提出了一系列支持全球、地区、双边发展的切实举措，为全球和各国共同发展做出了重要贡献。

发展的合作观坚持开放促发展。当今世界是一个开放的世界，世界经济是开放的，所谓"去全球化""逆全球化"不符合时代潮流，贸易保护主义不合时宜。各国、区域和全球要素在世界范围内有序自由流动、资源高效配置和市场深度融合，有利于扩大国际贸易和跨国投资规模，创造更多的市场需求和就业机会，为发展开放型世界经济注入更为持久的新动力，有利于世界的和平、发展、稳定和繁荣。因此，各国都要打开大门搞建设，促进生产要素在全球范围更加自由便捷地流动，要共同维护多边贸易体制，构建开放型经济，实现共商、共建、共享，发展动力才会更为强劲。改革开放是中国的基本国策，也是推动中国发展的根本动力。中国开放的大门永远不会关上,中国将更好地把国内发展与对外开放联系起来,这是我们基于对历史、现实、未来的客观判断所得出的结论。

发展的合作观主张发展的包容性。世界上具有不同历史背景、宗教信仰、发展道路、发展水平的国家同居一个星球,有差异是显而易见的,不可能在发展方式上强求一致。为此,国际社会必须倡导建立一种包容性而不是排他性的合作关系,彼此相互包容、兼容并蓄、共生共容,尊重各国对各自发展道路的选择,找到最大公约数。中国坚持发展的包容性,愿意从其他国家的发展中汲取更多智慧,也愿意与其他国家分享自己的发展经验。比如,中国提出的"一带一路"建设倡议不是封闭的,而是开放包容的,不是中国一家的独奏,而是沿线国家的合唱。中国欢迎各国和国际、地区组织均参与,大家都成为"一带一路"的建设者、贡献者和受益者。"一带一路"的开放性、包容性还体现在同各国发展战略的对接上,它同各国发展战略优势互补,深度对接,从而能建立起一种更加紧密的互利合作关系。

发展的合作观主张以合作促安全。当今世界,各国安危与共,生死相依,彼此影响。没有一个国家能实现脱离世界安全的自身安全,没有建立在其他国家不安全基础上的安全,没有一个国家能凭一己之力谋求自身绝对安全,没有一个国家可以从别国的动荡中获得安全。弱肉强食是丛林法则,不是国与国相处之道;单打独斗、迷信武力、穷兵黩武是霸道做法,只能搬起石头砸自己的脚。要摒弃一切形式的冷战思维,树立共同、综合、合作、可持续安全的新观念；要通过交流合作、协商谈判减少摩擦和冲突，保障国际和平与安全；要推动经济和社会领域的国际合作，齐头并进，统筹应对传统和非传统安全威胁，防战争祸患于未然；要增进安全互信，维护地区和平稳定；要建立一个符合地区实际、满足各方需要的区域安全架构；要推广综合安全、共同安全、合作安全的新安全观，推动在传统安全和非传统安全领域的坦诚对话与合作；要加强战略合作，共同应对挑战，营造公道正义、共建世界各国人民共享的安全格局。

第三，中国和平崛起与发展的共赢观。发展的共赢观倡导人类命运共同体意识。人类只有一个地球，各国共处一个世界，今天的"世界历史"真正进入了一个全新意义上的全球性时刻。经济全球化结束了世界经济由少数国家垄断的时代，给了70亿人走向共同发展的可能。构建人类命运共同体，正是为了找到了战略支点。人类日益成为一个唇齿相依、命运与共、荣辱与共、一荣俱荣、一损俱损的命运共同体和利益共同体。国际社会的行为体都是国际社会的"利益攸关者"。时代呼唤我们观念的转变。"共赢"理念的提出，适应了时代发展的必然要求，适应了国际关系发展的现实要求，反映了时代变革前进的方向。那种以邻为壑、转嫁危机、搞零和博弈、强权政治的做法，害人害己，不得人心。

发展的共赢观倡导各国自身利益与人类共同利益的统一。"一花独放不是春，百花齐放春满园"。当今世界，没有各国自身的发展，世界的和平发展稳定就没有保障；同样，没有世界的普遍发展与繁荣，各国自身的发展也没有保障；任何国家都难以片面追求自身利益而罔顾他国利益。因此，处理好维护国家利益与世界各国人民共同利益的关系就成为当今国际关系中的一个核心问题。各国在寻求自身发展时要兼顾别国发展，在追求本国利益时要兼顾别国利益。要避免一个国家发展、其他国家不发展，一部分国家发展、另一部分国家不发展，全球发展才能可持续推进。要想自己发展，必须让别人发展；要想自己活得好，必须让人家也活得好。世界的发展不可能建立在一批国家越来越富裕而另一批国家却长期贫穷落后的基础之上。只有各国共同发展了，世界才能更好发展。总之，各国在谋求本国发展中要惠及各国共同发展，要建立更加平等均衡的新型全球发展伙伴关系，让每个国家发展都能同其他国家增长形成联动效应，增进人类共同利益，真正实现世界的长治久安。

我们要建立平等相待、互商互谅的伙伴关系，要坚持多边主义，不搞单边主义；要奉行双赢、多赢、共赢的新理念，扔掉我赢你输、赢者通吃的旧思维。要倡导以对话解争端、以协商化分歧。要在国际和区域层面建设全球伙伴关系，走出一条"对话而不对抗，结伴而不结盟"的国与国交往新路。大国之间相处，要不冲突、不对抗、相互尊重、合作共赢。大国与小国相处，要平等相待，践行正确义利观，义利相兼，义重于利。

发展的共赢观坚持把中国的发展与世界的发展联系起来。中国的发展离不开世界，世界的发展也离不开中国。世界繁荣稳定是中国的机遇，中国发展也是世界的机遇。中国不是一个自私自利的国家。在全球化时代，中国从世界与本国互动中，研究自己国家的发展战略。中国的发展不是损人利己、我赢你输的发展，不是以牺牲别国利益为代价的发展，中国坚持自己的国家利益与人类共同利益的一致性，在自身发展的同时，努力与世界各国实现共同发展。中国在追求自身发展的进程中，努力追求和扩大同世界各国的利益交汇点，以促进人类的共同发展和繁荣为己任。中国坚持奉行互利共赢的开放战略，在追求自身发展的同时努力实现与他国发展的良性互动，促进世界各国共同发展。中国将更好统筹国内国际两个大局，通过争取和平国际环境发展自己，又以自身发展维护和促进世界和平。中国梦是和平、发展、合作、共赢的梦，中国追求的是中国人民的福祉，也是各国人民共同的福祉。中国把国内发展与对外开放更好地统一起来，把中国发展与世界发展更紧地联系起来，把中国人民利益同各国人民共同利益更多地结合起来，从而为我国和平发展开辟越来越广阔的空间。

中国践行和平崛起，走和平发展道路

李华：有西方人认为中国人擅长孙子兵法，中国和平崛起的战略是否孙武式的战略？中国已经做到了和平崛起，但中国应在构建中国崛起的软实力方面下功夫。

孔根红：中国走和平发展道路不是口号，是实实在在的行动。中国是和平、发展、合作、共赢理念的倡导者，积极践行者，中国为世界的和平发展崇高事业做出了重要贡献。

第一，构建新型大国关系。美国是当今世界的头号强国，如何避免中美在前进的征途上不发生迎头相撞，如何避免历史上大国争霸、特别是冷战时期美苏对峙的悲剧重演，是对中国走和平发展道路的重大考验，事关中美两国和世界的和平与发展。中国根本不愿意同美国争霸权。中美双双利用智慧，积极互动。中美之间年度战略和经济对话以及创新政策对话都发挥了积极作用。建设中美新型大国关系是一项史无前例的开创性事业。尽管前方的路不会一帆风顺，但中美达成共同推进新型大国关系的重要共识，为避免历史上新兴大国与既有大国发生冲突的老问题找到了新答案，体现出中美两国不走历史上大国冲突对抗的老路，打破大国冲突、对抗的历史宿命，走出一条和平共处、合作共赢的当代新路，开创21世纪大国关系和平相处的崭新模式的诉求。

发展新型大国关系是中国走和平发展道路理念的重要体现，是中国特色大国外交的重要组成部分，中国切实将发展同其他大国的新型大国关系付诸行动，中国积极构建健康稳定的大国关系框架。

中俄互为主要的、重要的战略合作伙伴，始终保持高水平运行。两国关系已达到前所未有的高水平，为大国间和谐共处树立了典范，在当今国际关系中为促进地区乃至世界和平与安全发挥着重要的稳定作用。

中欧合作不断开创新局面。加强与发展中欧关系是中国推动建立长期稳定健康发展的新型大国关系的重要组成部分，作为世界上最大的发展中国家和最大的发达国家联合体，中欧决定共同打造和平、增长、改革、文明四大伙伴关系，成为维护世界和平的两大重要力量。

第二，全力打造中国与周边国家的命运共同体。中国周边有22000多千米陆地边界，18000多千米大陆海岸线，关系到30个国家，直接接壤的国家有29个，隔海相邻的国家有6个，还有9个虽不接壤，但属于近邻。这些国家在政治制度、历史传统、宗教信仰、发展水平方面各不相同。数千年来，中华民族与周边各民族交往频繁，形成了千丝万缕的密切联系。

改革开放以来，中国奉行与邻为善、以邻为伴，坚持睦邻、安邻、富邻的周边外交工作方针，不断巩固与周边国家的睦邻友好关系。

作者与孔根红博士

中国走和平发展道路，首先要大力营造和平稳定繁荣的周边环境。党的十八大以来，党中央在保持外交大政方针延续性和稳定性的基础上，根据我国的周边形势、周边环境和我国同周边国家的关系的新变化，更加突出周边在我国发展大局和外交全局中的重要作用，周边外交的战略地位进一步提升。2013年10月，中央召开了首次周边外交工作座谈会，确定了我国周边外交的战略目标、基本方针和总体布局，将中国走和平发展道路具体体现在周边外交工作的方针、政策和理念中，用"亲、诚、惠、容"理念经略和塑造周边。

"亲"就是要坚持睦邻友好，守望相助；讲平等、重感情；常见面，多走动；多做得人心、暖人心的事，使周边国家对我们更友善、更亲近、更认同、更支持，增强亲和力、感召力、影响力。巩固和发展地缘相近、人缘相亲的友好情谊。

"诚"就是要诚心诚意对待周边国家，争取更多朋友和伙伴。就是要坚持国家不分大小、强弱、贫富一律平等，在和平共处五项原则基础上全面发展同周边国家关系，继续用自己的真诚付出，赢得周边国家的尊重、信任和支持。

"惠"就是要本着互惠互利的原则同周边国家开展合作，编织更加紧密的共同利益网络，把双方利益融合提升到更高水平，让我国的发展更好地惠及周边，同时也使我国从周边国家共同发展中获得裨益和助力。

"容"就是要倡导包容的思想，亚太之大容得下大家共同发展，要以更加开放的胸襟和更加积极的态度促进地区合作，更加主动、更加积极地回应周边国家期待，共享机遇，共迎挑战，共创繁荣。

第三，坚持正确的义利观全面深化与发展中国家的关系。发展中国家是维护世界和平、促进共同发展的重要力量，是中国走和平发展道路的同路人和支持者。发展中国家是中国外交的基石。

中国同广大发展中国家有着深厚的传统友谊，长期以来，中国同广大发展中国家风雨同舟、患难与共，共同的历史遭遇、共同的发展任务、共同的战略利益把我们紧紧联系在一起，我们是命运共同体。

和平发展道路是一条史无前例的道路，需要世界上一切热爱和平的国家携手并肩，共同推进。有中国和世界的共同努力，我们的和平发展道路一定能越走越宽广，为世界的和平与发展事业做出更大的贡献。

中国和式创新的未来发展趋势

李华：中国和式创新是一种刚柔相济、智者求同的共建、共享、共赢的战略模式，是中国特色的社会创新。

中国和式创新的精髓可以用十六个字、四句话高度概括，又称"和"式创新的四大支柱。即：拥抱矛盾，与时俱进，求同存异，和谐包容。四大支柱，各领风骚，相互依存，助推可持续发展，引领未来。其价值体系可以用三个"融合"高度概括：前瞻性战略和应急性战略的融合；计划经济和市场经济的融合；东西方管理思想和智慧的融合。

孔根红：我注意到你在《瞭望中国》上发表的《中国携华夏

五千年文明和创新重返世界之巅》和《中国和式创新与中国和平崛起》，文中你用中国和式创新理论剖析中国社会政治经济和环境可持续发展之根，解读中国和平崛起之路径，很有独到性，很有说服力。

李华：世界呼唤中国的创新模式。世界期盼中国可持续发展的"良药妙方"。中国和式创新理论不仅从学术上阐释近40年中国和平崛起的路径，而且从学术上解读了中国的创新模式。当今世界很多国家都在以适合本国国情的模式发展崛起，而走和平发展道路与和平崛起是当今世界发展的主旋律。如果国际社会要借鉴中国和平崛起的经验的话，那么中国和式创新就给出了一个理论架构。

中国和式创新的现实意义和价值如何？

孔根红：我们过去充分地阐释了中国为什么选择和平崛起，中国走和平发展道路是中国基于对于国内国际政治走向的战略分析的战略选择。而中国和式创新理论阐释了中国是如何和平崛起的，从理论上破解中国经济近40年持续高速稳固发展之谜，剖析中国社会政治经济环境可持续发展之根，解读中国和平崛起之路径。在某种程度上来说，它填补了中国崛起理论上的空白，丰富了中国和平崛起文化资产的内涵。

"咬定青山不放松，立根原在破岩中。千磨万击还坚劲，任尔东西南北风"。中国和式创新立根原在"坚"岩中。它是根植于中华文明和中国传统文化的、阐释中国和平崛起的、中国自己的本土的创新理论框架。

第五章

"五月花号"与美国崛起

民之失德,乾糇以愆;他山之石,可以攻玉。

(明·程登吉)《幼学琼林》第二卷

很多学者习惯于在遇到问题和研究问题时从西方管理理论中去寻求答案。谈管理要提起彼得·德鲁克，谈创新要提起约瑟夫·熊彼特，谈战略要提迈克尔·波特。西天取经，这有一定的道理。我自己也是在1997年辞去企业高管工作到西方学习管理的。在管理领域，我们往往要用20世纪的方法解决21世纪的问题。在人类历史上，管理是一项有着良好理论和实践的活动。管理是在特定的环境下，对组织所拥有的资源进行有效的计划、组织、领导和控制，以便达成既定的组织目标的过程。西方管理思想大致经历了三个主要阶段，即以泰勒（F. W. Taylor）和法约尔（H. Fayol）的科学管理为代表的古典管理理论阶段，以梅奥（G. E. Mayo）人际关系学说为先导的行为科学管理理论阶段和以被哈罗德·孔茨（Harold Koontz）称之为管理理论丛林为特征的现代管理理论阶段。西方管理理论完善，内容丰富，结构系统、严谨。然而，西方管理学者未能预见2008年发生的金融危机，同样西方管理面对后来出现的危机也是回天无力。2008年华尔街金融危机爆发后，西方苦苦挣扎，寻求出路；而中国采取不同战略途径，强劲崛起。特别是刚刚过去的10年，东西方战略途径与管理方法的异同带来了不同的效果，尤其明显。

如前文指出，2008年引爆的看似是金融和经济危机，实则是深层次的政治社会危机。而西方出现的反对经济全球化和反对自由贸易声音使这一问题变得更加复杂。在西方苦思求解时，中国通过稳健和循序渐进的改革，不断强大和崛起。中国在政治、社会和经济领域显示了可持续发展的趋势。近年来，出现了与"遇到问题从西方管理理论中寻求答案"截然不同的声音。目睹中国的不断强大和崛起，相对于西方经济的不作为和社会的乱象，中国有告别"西方学徒"的期许。我认为这是一种不成熟的大国心态。培育成熟的大国心态非常重要，做到自信而不自大，自豪而不自负。有学者指出，由于多媒体、互联网、微信的出现和科技创新的魅力，中国与世界的距离已为零，中国的一举一动都将受到地球村民的审视。中国在全面参与全球治理的过程中，要培育成熟、稳健的大国心态、大国情怀和大国胸襟，以及和式创新的理念。

1840年以来，中华文明遭受前所未有的冲击，而西方在近200年里强大，繁荣，现代化。就中国崛起软实力的构建，了解西方崛起，特别是崛起的软实力至关重要。了解美国在崛起过程中走过的路，了解西方现代文明走过的路，了解西方管理思想和创新理论，理解促进西方文明发展的经典有着重要的意义。我认为，21世纪是一个呼唤大智慧和大战略的时代。毫无疑问，中国管理将发挥非常重要的作用。但中国管理不会在短时间内取代西方管理。二者将会长期并存、互学、互融、互鉴。

【本章概要】

本章穿越时空，绵亘数百年，俯瞰从"五月花号"驶向北美洲以来美国崛起和促使美国崛起的因素和重要事件。本章将阐述以下内容。第一，对西方社会话语权概念和因素进行梳理，解析西方发展特别是美国崛起的软实力，美国立国的政治社会理论基础、经济理论基础、管理理论和创新理论基石。第二，读者可以在这些政治理论、经济理论和管理理论奠基人创建其理论学说的过程中获得灵感。亚当·斯密在困惑和矛盾中完成了被后人称为"斯密悖论"的《道德论》和《国富论》；约瑟夫·熊彼特执迷于"斯密悖论"在矛盾中创建了永放光芒的创新理论；而泰勒在研究工人和资本家的对立和矛盾中成了科学管理之父。第三，了解了西方的创新理论会更好地理解中国的发展和崛起，中国的和平崛起，读者可以更深刻地理解中国和式创新的诞生和意义。

【思考题】

- 美国是如何崛起的？
- 亚当·斯密的"两只无形的手"何以推动西方现代化达 200 多年？
- 美国崛起的软实力是什么？

作者 2012 年摄于英国普利茅斯

"五月花号"驶向美国北卡罗来纳（North Carolina）

2012年新年伊始，我在英国普利茅斯大学工作，任战略管理和创新教授、EMBA项目主任。我在美丽的海滨城市普利茅斯生活了两年时间。期间我和家人一起无数次参观"五月花号（Mayflower）"1620年从普利茅斯出发标记的石碑和"五月花号"博物馆。读着这些陈旧的碑文，遥望大西洋，联想着"五月花号"离开时的情景以及后来所发生一切，心潮澎湃，思绪万千。如前文所述，大国崛起都伴随着军事冲突，特别是与正在称霸的大国的军事冲突，这几乎是历史规律。美国崛起开始于19世纪后期，到第二次世界大战结束，成为世界上无可争议的头号强国。美国之所以能够顺利崛起于列强之间，除了有利的地缘政治环境和国际环境外，美国采取了不同于老牌殖民国家的拓展国际空间战略。在处理与当时的霸主英国竞合关系时的博弈技巧，以及对美国软实力的充分利用，都对美国崛起与拓展国际发展空间发挥了非常积极的作用。

"五月花号"是1620年从英格兰的普利茅斯搭载着清教的分支——分离教派（Pilgrim）的一些人出海前往位于美洲新大陆马萨诸塞普利茅斯殖民地的客船。这次航行的主要领袖是威廉·布拉德福德（William Bradford）和威廉·布鲁斯特（William Brewster），他们当时用的主要是日内瓦圣经，分别被美国清教徒博物馆（Pilgrim Hall Museum）收藏。有关"五月花号"1620年驶向北美洲的故事，我在英国和美国的这20年里已无数次地与英美朋友和同事谈起。毫无疑问，对于英国和美国人而论，这是一个很有趣的故事。但是，很显然，英美却有着不同的反响。美国人对于普利茅斯的崇敬——在美国有30多个分享普利茅斯这一盛名的城市，然而，在英国人们谈起"五月花号"时却相对低调。想来这大概与"五月花号"上的乘客——一批清教徒有关吧。他们这次航行是"舍弃了舒适的城市"，去"山顶上"建立"天堂的国家和精神的平安"的朝圣之旅。这批清教徒是当时英国教会中的分裂派。

"五月花号"与美国的立国基础

从1620年"五月花号"驶向北美洲到美国在第二次世界大战后的崛起，二者间距300多年，表面上看似关联不大，实质上有着内在的联系。

关于美国的立国基础，其中最主要的就是宗教和商业。关于美国的宗教基础，德国的兰克以及美国的史学之父班克罗夫特都认为，加尔文才是美国的真正国父，其立论基础当然是基于美国早期在新英格兰地区的殖民活动及其清教主义的宗教背景。加尔文的清教主义不仅是一种宗教理论，更是一种政治理论，其中最具实质性的乃是犹太—基督教传统中的约法观念以及其中所体现的民主的观念、习惯和操作规程。

就"五月花号"上的这批殖民团而论，他们赴北美弗吉尼亚地界垦殖原本是经过英国伦敦一家名为"弗吉尼亚公司"的授权，而且与之签订有严格、详细的经济和约，规定了彼此的权利和义务。然而，当乘客们抵达北美时，"五月花号"航船驶出了弗吉尼亚的地界，这一意外在船上的乘客中引发了争执和骚乱。因为，船上不仅有原来避居荷兰来顿的虔诚的清教徒，而且还有一些所谓的"陌生人"，相比之下，他们来北美的动机主要是为了讨一口饭吃，至于宗教上的追求，则非常淡漠，知识和道德水准也不如那些从荷兰辗转来北美的英国清教徒或"朝圣客"。很显然，由于这一新的情况，他们原来与"弗吉尼亚公司"所签订的和约的效力就成了问题，因为他们当时所处的位置已经偏离出既定目的地几百英里。然而，如果他们登陆后各自作鸟兽散，不能结成一个紧密的共同体以共渡难关，他们就无法在严寒、贫瘠的北美大陆生存下来。他们遭遇了严峻的大自然的挑战。于是，经过反复和郑重的讨论与协商，他们在船舱中签署了一份公约，这就是后人所称的"五月花号公约"，并以此结成了一个世俗的公民政治团体。它成了美国政体发展的第一块坚实的基石。

据史料记载"五月花号公约"为美国立国建立了政治和社会理论基础。

与现代国家最为相符的国家起源理论是社会契约论。该理论的理念可追溯到数千年前。然而，产生于17、18世纪的社会契约论以人民主权概念为基础，即主张人民是国家权威与合法性的最终来源。社会契约论称，当全能的拥有主权的人民协议创建一个国家并赋予国家的统治者某些权力时，契约即成。该理论认为国家权力的合法性源于人民，任何没有人民认可的国家权力、法律、规章和制度都不具备合法性。美国历史的源头和美国的立国精神发端于这份由41位"五月花号"乘客签署的公约。这是人类史上一个由全体社会成员签署的社会契约。美国这个现代最强大的国家的产生、发展和成熟见证了一个由社会契约组成的国家的成长。

亚当·斯密："两只无形的手"

苏格兰哲学家和经济学家亚当·斯密的《国富论》和《道德论》，如前所述，由于其推动资本主义发展的重要性，被后人称为"两只无形的手"。一只手指市场"私利"的驱力，而另一只手指道德"同情"的制衡。《国富论》把资本主义经济学发展成一个完整的体系，被认为是现代经济学的开山之作，奠定了资本主义市场经济的理论基础，推动了西方资本主义的发达和繁荣。相对《国富论》，《道德论》带给西方乃至整个世界的影响更大和更为深远。它对促进人类社会的发展和提高人类福利的社会目的起到了基本的作用。然而，熊彼特在研究斯密的两本巨著后指出：《道德论》中的市场"私利"与《国富论》中的道德"同情"互为矛盾。熊彼特提出"斯密悖论"。亚当·斯密本人并不认为这两者存在矛盾，在《国富论》一书出版后，他又发行了经过稍微修正的《道德论》版本，他认为道德情操和私利最终都将达成相同的目标。

亚当·斯密被称为古典经济学的鼻祖，他的"两只无形的手"推动整个世界，但他的一生并不顺利和幸福。他在贫穷、困惑和矛盾中完成了两部不朽的巨著《道德论》和《国富论》。他的父亲在他出生的几个月前去世。根据史料记载，斯密大约4岁时，曾被一群吉普赛人诱拐，不过很快便被他的叔叔救回。亚当·斯密一生与母亲相依为命，终身未娶。亚当·斯密常常深思问题，想事情想得出神，丝毫不受外物干扰；亚当·斯密在陌生环境发表演说时，刚开始会因害羞而频频口吃，一旦熟悉后便恢复辩才无碍的气势，侃侃而谈；而且亚当·斯密对喜爱的学问研究起来相当专注、热情，甚至废寝忘食。

亚当·斯密在大约14岁时，进入了格拉斯哥大学，在"永恒的"哈奇森的教导下研读道德哲学。斯密在这个时期发展出对自由、理性和言论自由的热情。1740年斯密进入了牛津大学贝利奥尔学院，但他后来说"在牛津的时期对他后来的毕生事业没有多少影响"，他在1746年离开了牛津大学。1748年他在亨利·霍姆（Henry Home）的赞助下开始于爱丁堡大学演讲授课。

最初着重修辞学和纯文学，但后来开始研究"财富的发展"。年近30岁时，他第一次阐述了经济哲学的"明确而简易的自然自由制度"。后来他将这些理论写入被简称为《国富论》的《国民财富的性质和原因的研究》一书里。

对于亚当·斯密在强调"同情"的《道德论》与强调"私利"的《国富论》两书间是否存在矛盾一直有很大争论。在《道德论》一书里，斯密似乎强调人类在慈善动机下的意图与行为的同步性，而在《国富论》里这则被分裂为"看不见的手"。亚当·斯密宣称，在资本主义体制里，个人依照他们自己的利益行动时也会提升共同体的利益，于是这便解除了私利的矛盾，他也多次指出对于利己和人类动机的狭窄定义所可能引发的矛盾。不过这并不表示斯密的《道德论》一书否定了私利的重要性，他指出："因此，物种自我保卫和繁殖的机能架构，似乎是自然界给予所有动物的既定目标。人类具有向往这些目标的天性，而且也厌恶相反的东西；人类喜爱生命、恐惧死亡、盼望物种的延续和永恒、恐惧其物种的完全灭绝。虽然人们是如此强烈地向往这些目标，但它并没有被交给人们那迟缓而不可靠的理性来决定。相反的是自然界指导人们运用原始而迅速的天性来决定实现这些目标的方式。饥饿、口渴、寻求异性的情欲、爱情的快乐和对于痛苦的恐惧，都促使人们运用这些手段来达成其本身的目的，这些行动都将实现人们原先所未料想到的结果——伟大的自然界所设定的善良目标。"由此不难看出，亚当·斯密对于物种自我保卫和繁殖的机能的探索与英国著名历史学家汤因比对于人类文明的诞生——挑战和应战学说惊人的相似。

西方经济学的开山之石《国富论》

《国富论》首版发行于启蒙时代的 1776 年。它不仅影响了作家和经济学家，同时也影响了各国政府和组织。全书包括两卷共 5 部。在第一部的序言中，亚当·斯密对全书进行了概括描述。他认为国民财富的产生主要取决于两个因素，一是劳动力的技术、技巧和判断力，二是劳动力和总人口的比例。在这两个因素中，第一个因素起决定性作用。《国富论》一书里阐述了所谓市场上"一只无形的手"。

《国富论》被认为是现代经济学的开山之作，后来的经济学家基本是按照亚当·斯密的方法分析经济发展规律和发展经济理论的。不论是发展它或反对它，现代经济学研究都是在这部著作的基础上进行的。这部著作奠定了西方资本主义自由经济的理论基础。斯密在书中第一次提出了市场经济会由"无形之手自行调节"的理论。后来的经济学家李嘉图进一步发展了自由经济、自由竞争的理论；马克思则从中看出自由经济产生"周期性经济危机"的必然性，提出"用计划经济理论解决"的思路；凯恩斯则提出政府干预市场经济宏观调节的方法。

《国富论》一书是斯密最具影响力的著作，这本书对于经济学领域的创立有着突出的贡献，它使经济学成为一门独立的学科。在西方世界，乃至整个世界，这本书甚至可以说是经济学所发行过最具影响力的著作。《国富论》一书成为针对重商主义——认为大量储备贵金属是经济成功所不可或缺的理论的最经典的反驳。这本书于1776年出版后，英国和美国都出现了许多要求自由贸易的呼声，自由贸易形成了英国和美国的主流声音。这些呼声认为当时经济的艰难和社会的贫穷是美国独立战争造成的。值得注意的是在当时的情况下，并非所有人都被说服相信了自由贸易的优点；甚至英国政府和议会依然继续维持重商主义。由此可见，今天西方出现的反对自由贸易和经济全球化的倾向，一方面可以说是当时反对自由贸易思想的延续，另一方面也说明西方缺乏战略管理的视野，不了解东西方社会所发生的变革，而一味把今天西方社会的危机归结于经济全球化。毫无疑问，这是一种错误的理解和判断。

《国富论》一书的重点之一便是自由市场，自由市场表面看似混乱而毫无拘束，实际上却是由一只"看不见的手"所指引，引导市场生产出正确的产品数量和种类。例如，如果产品发生短缺，产品的价格便会高涨，生产这种产品所能得到的利润便会刺激其他人也加入生产，最后便消除了短缺。如果许多产品进入了市场，生产者之间的竞争将会增加，供给的增加会将产品的价格降低至接近产品的生产成本。即使产品的利润接近于零，生产产品和服务的利润刺激也不会消失，这是因为产品的所有成本也包括了生产者的工资。如果价格降低至零利润后仍继续下跌，生产者将会脱离市场；如果价格高于零利润，生产者将会进入市场。与此同时，亚当·斯密也大力批评那些不合时宜的政府管制，他认为那些过时的管制将会阻挠企业的发展和运作。

亚当·斯密指出,"我们不能借着向肉贩、啤酒商或面包师傅诉诸兄弟之情而获得免费的晚餐,相反的我们必须诉诸他们自身的利益。我们填饱肚子的方式,并非诉诸他们的慈善之心,而是诉诸他们的自私。我们不会向他们诉诸我们的处境为何,相反的我们会诉诸他们的获利。"这是《国富论》一书里最著名,也是最常被后人引用的两句话。在中国实施计划经济和市场经济的融合的今天读来仍是意义非凡。

在我看来,斯密在《国富论》中所阐释的市场的驱动力和重商的理念与 2000 多年前中国春秋战国时期范蠡的市场经济思想及市场观念意识有相似之处。范蠡懂得如何变通思维,将创造性思维和产品、品牌属性有机结合。通过创意性的方式向消费者传递产品信息,让消费者主动接受,而非企业生硬地去传递和灌输。范蠡的市场经济理念中追求和谐的天道、地道、人道。

人类福利和社会目的巨著《道德论》

亚当·斯密的另一部巨著《道德论》共分七部分。在书中,斯密用同情的基本原理来阐释正义、仁慈、克己等一切道德情操产生的根源,说明道德评价的性质、原则以及各种美德的特征,并对各种道德哲学学说进行了介绍和评价,进而揭示出人类社会赖以维系、和谐发展的基础,以及人的行为应遵循的一般道德准则。

相比《国富论》,《道德论》给西方,乃至整个世界带来的影响更为深远，对促进人类福利这一更重要的社会目的起到了更为基本的作用；而它对处于转型期的中国市场经济的良性运行，对处于这场变革中的每个人更深层次地了解人性和人的情感，最终促进社会的和谐发展，无疑具有十分重要的意义。身处急剧变革的市场经济大潮中，每一个普通人都面临着贫富差距拉大、产业改革、股市非理性繁荣等各种各样的问题，人们身处其中又常常感到被自私、虚荣、妒忌、仇恨、贪婪和背信弃义等不道德的情感所包围，因而更加向往感恩、大度、慷慨、正直、勤俭、自我克制等人性的美德。而这些不道德和道德，以及衍生出以上种种人类情感的"同情感"正是200多年前亚当·斯密在撰写《国富论》之前，甚至在写完《国富论》之后一直反复思考的焦点。亚当·斯密耗费毕生的心血把这些思考写成了一本全面、系统分析人类情感的作品，他想告诉读者——人在追求物质利益的同时，要受道德感念的约束，不要去伤害别人，而是要帮助别人，这种"利他"的道德情操永远地种植在人们的心灵里。而且，每个人对这种人类朴素情感的保有和维持对整个市场经济的和谐运行，甚至民族的强盛至关重要。要正确理解真正的"市场经济"，亚当·斯密的大作《道德论》是必读作品。

中国明朝的王阳明在先于斯密写作《道德论》的200年前的15世纪，在其"致良知"的学说中对于道德进行了深刻的阐释，并充分强调了良知在道德修养中去恶为善的主观能动作用，并使之成为支配人的道德行为的精神本体。王阳明认为良知即是天理，通过致良知要求人们首先认识和恢复内心所固有的天理，并由此推自己的良知及于世界上的万事万物，世界上的一切皆得其天理矣。

科学管理之父泰勒

泰勒在研究劳资关系的对立和矛盾中成为科学管理之父。弗雷德里克·温斯洛·泰勒（Frederick Winslow Taylor，1856—1915年），美国著名管理学家，经济学家，被后世称为"科学管理之父"，其代表作为《科学管理原理》。

19世纪的最后数十年中，美国工业出现前所未有的资本积累和工业技术进步。但是，发展、组织、控制和管理这些工业资源的低劣方式严重阻碍了生产效率的提高。另一个问题是如何使劳动者发挥潜力。当时工人和资本家之间的矛盾严重激化，资本家对工人态度蛮横，工人生活艰苦，而资本家个人却过着奢侈的生活；工人则不断用捣毁机器和加入工会组织领导的大罢工来争取自己的权利。劳资关系的对立和矛盾严重影响了企业的劳动生产率。对于如何解决发挥劳动力潜力的问题，有人主张使用优良机器替代劳动力，有人主张试行分享利润计划，还有一些人主张改进生产的程序、方法和体制。泰勒当时是一位年轻的管理人员和工程师，是美国工程师协会的成员，因而很了解人们提出的上述一些解决办法，并在此基础上提出了他的具有划时代意义的科学管理理论和方法。

泰勒一生大部分的时间所关注和感兴趣的，就是如何提高生产效率。这不但要降低成本和增加利润,而且要通过提高劳动生产率增加工人的工资。泰勒对工人在工作中的"磨洋工"问题深有感触。他认为"磨洋工"的主要原因在于工人担心工作干多了,可能会使自己失业,因而他们宁愿少生产而不愿意多干。泰勒认为,生产率是劳资双方都忽视的问题,部分原因是管理人员和工人都不了解什么是"一天合理的工作量"和"一天合理的报酬"。此外,泰勒认为管理人员和工人都过分关心工资和利润之间的分配,而对如何提高生产效率而使劳资双方都能获得更多报酬几乎无知。总而言之,泰勒把生产率看作取得较高工资和较高利润的保证。他相信,用科学方法来代替惯例和经验,可以不必耗费人们更多的精力和努力,就能取得较高的生产率。

泰勒的科学管理理论符合实际,其几乎所有管理原理、原则和方法都是经过自己亲自试验和认真研究所提出的。他的大作里所涉及的内容都是以前各种管理理论的总结与概括,与所有管理理论一样都是为了提高生产效率。泰勒的理论坚持了"竞争"原则和"以人为本"原则。"竞争"原则体现为给每一个生产过程中的动作建立一个评价标准,并以此作为对工人奖惩的标准,使每个工人都必须达到一个标准并不断超越这个标准,而且超过越多越好。于是,随着标准的不断提高,工人的进取心就永不会停止,生产效率必然也跟着提高;"以人为本"原则体现为这个理论是适用于每个人的,它不是空泛的教条,是以工人在实际工作中的较高水平为衡量标准的,因此既可使工人不断进取,又不会让他们认为标准太高或太低。

科学管理理论很明显地是一个综合概念。它不仅仅是一种思想，一种观念，也是一种具体的操作规程，是对具体操作的指导。首先，以工作的每个元素的科学划分方法代替陈旧的经验管理工作法；其次，员工选拔、培训和开发的科学方法代替先前实行的那种自己选择工作和想怎样就怎样的训练做法；再次，与工人经常沟通以保证其所做的全部工作与科学管理原理相一致；最后，管理者与工人应有基本平等的工作和责任范围。管理者将担负起其恰当的责任，而过去，几乎所有的工作和大部分责任都压在了工人身上。

20世纪以来，科学管理在美国和欧洲大受欢迎。科学管理思想发挥着巨大的作用。当然，泰勒的科学管理理论也有其一定的局限性，如研究的范围比较小，内容比较窄，仅侧重于生产作业管理，对于现代企业的经营管理、市场、营销、财务等都没有涉及。更为重要的是泰勒对人性假设的局限性，即认为人仅仅是一种经济人，这无疑限制了泰勒的视野和高度。这些也正是需要泰勒之后的管理大师们创建新的管理理论来加以补充的地方。

创新之父熊彼特

熊彼特在提出"斯密悖论"后于矛盾中破天荒提出"创新理念"。约瑟夫·熊彼特（Joseph Alois Schumpeter，1883—1950年）是美籍奥地利经济学家，当代资产阶级经济学代表人物之一。熊彼特在提出"斯密悖论"后于矛盾中首先从经济学的角度系统地提出了"创新理论"，以此解释资本主义的本质特征，解释资本主义发生、发展和趋于灭亡的结局,从而闻名于世界经济学界。他的一生都游走在极端和矛盾之中,耀眼胜利和凄惨的失败纵横交错,他曾是奥地利最年轻的财务部长,却在赴任很短时间内就引咎离职。他所管理的私营银行享誉维也纳,却在第一次世界大战的暴风雨下倒闭;他年纪轻轻就享有盛名,却因主张自由主义资本经济制度,与凯恩斯理论相互对立,终其一生都没有逃出凯恩斯的阴影。剧烈的爱与深刻的痛,成就了其"经济财富保护神"的盛名。管理大师德鲁克称他具备"永垂不朽的大智慧"。

熊彼特在《经济发展理论》一书中提出"创新理论"。以后,又相继在《资本主义、社会主义和民主主义》(*Capitalism, Socialism & Democracy*)大作中加以运用和发挥,形成了以"创新理论"为基础的独特的理论体系。熊彼特"创新理论"的最大特色,就是强调生产技术的革新和生产方法的变革在经济发展过程中的至高无上的作用。熊彼特认为,所谓创新就是要"建立一种新的生产函数",即"生产要素的重新组合",就是要把一种从来没有的关于生产要素和生产条件的"新组合"引进到生产体系中去,以实现对生产要素或生产条件的"新组合";作为资本主义"灵魂"的"企业家"的职能就是实现"创新",引进"新组合";所谓"经济发展"就是指整个资本主义社会不断地实现这种"新组合",或者说资本主义的经济发展就是这种不断创新的结果;而这种"新组合"的目的是获得潜在的利润,即最大限度地获取超额利润。周期性的经济波动正是起因于创新过程的非连续性和非均衡性,不同的创新对经济发展产生不同的影响,由此形成时间各一的经济周期；资本主义只是经济变动的一种形式或方法，它不可能是静止的，也不可能永远存在下去。

熊彼特进一步明确指出"创新"的五种情况：

（1）采用一种新的产品——也就是消费者还不熟悉的产品——或一种产品的一种新的特性；

（2）采用一种新的生产方法，也就是在有关的制造部门中尚未通过经验检定的方法，这种新的方法决不需要建立在科学上新的发现的基础之上，并且，也可以存在于商业上处理一种产品的新的方式之中；

（3）开辟一个新的市场，也就是有关国家的某一制造部门以前不曾进入的市场，不管这个市场以前是否存在过；

（4）掠取或控制原材料或半制成品的一种新的供应来源，也不问这种来源是已经存在的，还是第一次创造出来的；

（5）实现任何一种工业的新的组织，比如造成一种垄断地位，或打破一种垄断地位。

熊彼特对于创新的阐述无疑是开放、包容和宏大的。后人把他的这一段话归纳为五种创新，依次对应产品创新、技术创新、市场创新、资源配置创新、组织创新，而这里的"组织创新"也可以看成是部分的制度创新，当然仅仅是初期的狭义的制度创新。

在当时的情况下，由于熊彼特的思想过于异端，他所开创的创新理论在很长的一段时间里一直难以被人接受，也得不到主流经济学的重视。直到20世纪50年代，科学技术在经济发展中日益显现独立和突出的价值，技术创新的理论研究才开始成为一个十分活跃的领域。从20世纪80年代开始，技术创新的理论研究开始走向深入，被用于解释经济发展中的许多现实问题，其重要地位逐渐得到确认。

我在研究技术创新的理论和种类时，发现了非常有趣的创新理论概念区分对比。有的辩证统一，有的充满矛盾。创新的种类包括以下几种。

（1）产品创新对工艺创新。产品创新具体表现在一个企业的产出中——它的产品或者服务；而工艺创新是指一个企业在管理其业务的方式上的创新，例如在产品的生产流程、服务的提供方式以及营销模式上的创新。工艺创新常常是以提高生产效率和生产能力为导向的，比如通过工艺创新来降低产品缺陷率或者提高单位时间内的产量。

（2）激进创新对渐进创新。激进创新可以被认为是创新导致与原有技术的脱离。这种新技术可以对于整个世界、整个产业界或者企业来说是新的。激进创新是指世界上首创的、和现有产品及工艺完全不同的创新。而渐进创新是在这个维度的另一端。渐进创新可能并不是很新的技术，或者与原有技术脱离程度不大；它可能在应用之前就为企业或产业所知晓，并且仅仅包含对现有技术的较小的变化（或者调整）。

（3）架构创新对部件创新。如果创新导致整个系统结构或者组件之间作用方式的变化，就称为架构创新。如果创新导致一个或多个元器部件发生变化，但是并不严重影响整个系统的结构，这样的创新称为部件创新（或者模块化创新）。

（4）性能增强型创新对性能破坏型创新。从一个特定的企业的角度来看，如果创新是建立在企业现有的知识基础上的，就是一种性能增强型创新。对于一个特定的企业来说，如果技术不是建立在企业现有基础上或者使现有技术作废，这样的创新就称为性能破坏型创新。一项创新是性能增强型创新还是性能破坏型创新取决于从哪个角度去看。对某一个企业来说是性能增强型创新，而对另一个企业来说就可能是性能破坏型创新。

现代管理学之父彼得·德鲁克

德鲁克于1973年首次提出了社会创新理念。作为20世纪以来西方学术研究领域一大重要的综合性理论，熊彼特建立的创新理论，更确切地说技术创新理论以其在促进经济增长与社会进步方面的独特功能促进了人类的科技进步，特别是西方社会的科技发达。技术创新吸引了包括西方经济学、科学学、管理学等诸多领域的极大关注，成了推动西方经济学发展与跨学科研究的重要力量。熊彼特对创新理论的最大贡献在于确定了创新在经济增长中的核心地位与内生作用，形成了创新的基本概念和思想，为创新理论的经济学理解奠定了坚实的基础。我认为创新不能仅仅局限在技术创新领域，创新是开放的、包容的、多样化的，它涉及所有的领域。这也是德鲁克所推崇的。德鲁克一贯强调，没有科技含量的社会创新或市场创新比起科技创新，不但更容易发现机会，而且工作周期更短、效益更大；而基于新知识，尤其是高科技方面的创新，时间跨度大、风险高、成功概率小。他还强调，创新是有目的性的，可以通过某种训练加以实践，并将它完全掌握后，创新才会有效。

彼得·德鲁克（Peter F. Drucker，1909—2005年）出生于奥匈帝国统治下的维也纳，祖籍荷兰，其家族在17世纪时就从事书籍出版工作。德鲁克的父亲是奥匈帝国负责文化事务的官员，曾创办萨尔斯堡音乐节；他的母亲是奥匈帝国率先学习医科的女性之一。德鲁克从小生长在富有文化的环境之中。德鲁克先后在奥匈帝国和德国受教育，1929年后在伦敦任新闻记者和国际银行的经济学家。于1931年获法兰克福大学法学博士。由于德鲁克对世界的卓越贡献特别是在管理领域的深远影响，他被尊为"管理大师中的大师"。德鲁克以他建立于广泛实践基础之上的30余部著作，奠定了其现代管理学开创者的地位，被誉为"现代管理学之父"。

1985年，德鲁克出版了他的《创新与企业家精神》一书。德鲁克所说的企业家就是创新家，所谓的企业家精神也就是创新精神。该书始于企业家经济，而结于企业家社会。创新是微风细雨，创新是革命的替代品，这是该书要表达的核心思想。他写道："无论是社会还是经济，公共服务机构还是商业机构，都需要创新与企业家精神。创新与企业家精神能让任何社会、经济、产业、公共服务机构和商业机构保持高度的灵活性与自我更新能力，这首先是因为创新与企业家精神不是对原有的一切'斩草除根'，而是以循序渐进的方式，这次推出一个新产品，下一次实施一项新政策，再下一次就是改善公共服务；其次，因为它们并没有事先规划，而是专注于每个机会和各种需求；再次，是因为它们是试验性的，如果它们没有产生预期的和所需的结果，就会很快消失，换言之，因为它们务实，而不教条；脚踏实地，而不好高骛远。"

我们需要的是一个企业家社会。在这个社会中，创新和企业家精神是一种平常、稳定和持续的活动。正如管理已经成为当代所有机构的特定器官，成为我们这个组织社会的整合器官一样，创新和企业家精神也应该成为我们社会、经济和组织维持生命活力的主要动力。这要求所有机构的管理者把创新与企业家精神作为企业和自己工作中的一种正常、不间断的日常行为和实践。德鲁克把创新放在极其重要的位置，对于社会和经济的发展具有非常重要的影响。他认为，创新是唯一能造就持续和健康发展的经济的工具；正是成千上万的企业家的创新活动避免了经济大衰退。企业家的主要特征之一就是敢于创新，善于创新，擅长创新，能够使用这一工具为社会创造价值。

德鲁克还指出，"创新"要为客户创造出新的价值。而价值并不是价格。价值是客户得到的，价格是客户付出的。做企业，推出一项新产品、新服务或一个新流程，要满足客户未被满足的需求或潜在的需求，创造出新的客户满意。客户有新的所得，才会从不买到买、从买得少到买得多，或者愿意付出比过去更高的价格。这反映在企业的收入和利润上，就是创造了新的财富。同样的，非营利机构的创新也要让服务对象有新的满意，从而愿意接受你的服务；政府的政策创新或体制改革也要产生让人民可以感受得到的新便利或保障。虽然很多"创新"与科技有关，但是科技含量很低甚至"零科技"的社会创新，不但机会更多，而且效益更大。一家新公司如果只是以同等价格提供市面上已有的产品或服务并不算创新，因为它只是对别人已经创造出来的客户群进行瓜分，并没有创造新客户，这样的新公司注定会在市场萎缩的时候被"边缘化"。

德鲁克从美国创业型经济的发展中，从企业创新与创业的实践中发现了解决社会问题的一种新方式——社会创新，并对社会创新的内涵、特点、作用等问题进行了初步阐述。社会创新可以看作政府社会创新、企业社会创新和公益社会创新共同作用的结果。社会创新的定义有狭义和广义之分。狭义的社会创新主要是指公民社会创新或者说公民和公民社会组织等社会行动者在社会领域的各种创新活动。广义的社会创新包括政府创新、社会创新、企业社会创新和公民社会创新等。这是继熊彼特提出创新学说后创新推动社会进步的新的里程碑式的学说。与西方的技术创新引领世界潮流不相称的是：西方社会创新严重滞后，这与中国有效的社会创新、政府创新形成鲜明的对比。

在中国现行的政治体制下，由于中国政府对于社会管理创新的高度重视，社会创新和政策创新层出不穷，创新型政策引领的政府创新成为社会创新的重要形式。社会创新作为一种现代社会发展和社会问题解决的有效机制，已然成为全球社会发展中的热门概念。随着中国社会治理变革的启动，社会力量的重要性亦为国人所注意。

有西方学者指出，中国的五年规划催生了无数社会创新和技术创新项目，比如中国的高铁项目就是在国家社会创新战略驱使下的卓有成效的技术创新项目。毫无疑问，通过观察、总结和研究这些社会、体制、政策、政府创新，可以深刻理解中国社会创新的基本走向和广阔的发展前景。

在全世界范围内，西方文化中的元素对其他文化具有很强的影响力。许多文化背景的人，包括西方与非西方的，都将"现代化"与"全球化"，"西化"等量齐观，当然也有许多非西方人士，反对将采纳西方理念与价值观作为所有社会的必然。还有一些非西方世界的人士，他们将科技进步跟西方的不同价值观相联系，由于西方价值观与他们当地社会的价值理念大相径庭，以此作为理由，来反对社会的"现代化"。无可争议的是，组成所谓近代"现代化"和"全球化"概念的技术、创新和社会模式中的大部分因素都起源于西方世界，而后在全世界传播和发展。这些无疑构成了西方社会的话语权。

本章对于"五月花号"于1620年驶向北美洲后美国崛起的

政治基础、社会基础、管理学基础、经济学基础和创新学说进行了系统梳理。特别是要提醒读者，这些哲学、管理学和经济学巨匠在困境中，在研究矛盾中完成不朽的巨著——这些故事和经典案例让我兴奋不已。在很大程度上，这些故事和经典案例佐证了本书故事的主线，矛盾与创新的密不可分——拥抱矛盾激励创新。这是本书的核心论点。但我提出这一论点的基础是"中国古典哲学的精髓拥抱矛盾激励创新"。事实上，读者在研读西方哲学的经典后不难看出，东西方古典哲学与创新关系密不可分的一致性。

这些故事和经典案例是美国崛起的软实力，美国崛起的价值体系，也是西方的话语权。梳理这些名著、故事和经典案例，重温这些故事、理念对于构建中国崛起的软实力、提高中国参与全球治理的话语权至关重要。

第六章

中国和式创新的理论架构

天下之事，虑之贵祥，行之贵力。

(明) 张居正《陈六事疏》

中国1978年开启改革开放是一个历史的转折点。中国经济近40年长期持续高速稳固发展，中国在不到40年里所创造的生产力，比过去几百年创造的生产力还要多。世界上把这一现象称为中国的奇迹——"中国之谜"，亦有很多有识之士试图破解这个"中国之谜"。

我认为，中国近40年的高速可持续发展得益于中国强有力的政府，敢于决策、善于决策和执行力，中国真正实现了和平崛起。中国已经是世界第一大制造国、第一大贸易国、第二大经济体、第三大利用外资国和对外投资国，综合国力已经有了很大的提升，与昔日已不可同日而语了。从战略角度讲，这些充分展示了中国的硬实力。鉴于硬实力和软实力的相互作用并相互加强，硬实力和软实力同等重要。2017年初慕尼黑安全会议基金会发表年度报告，指出国际安全环境面临第二次世界大战以来最脆弱的时刻，世界正在迈向后西方时代。西方主要国家受自身政治、经济和社会问题困扰，难于从国内事务抽身，无暇顾忌环球治理和环球化问题。西方主导的世界秩序正走向终结，非西方国家开始建构世界事务新框架。"君子藏器于身，待时而动。"此时此刻，完全不同于西方的中国道路更趋成熟。毫无疑问，中国在经济、社会和环境方面将更进一步稳固可持续发展。与此同时，中国模式的治国方略和外交方略也必须与时俱进，求同存异，不仅要多参与国际事务，做国际体系的参与者和建设者，而且还要做国际体系的贡献者、主导者和引领者。

约瑟夫·奈指出："软力量"，又称软实力，是一种"影响别人选择的能力，如有吸引力的文化、意识形态和制度"。中国参与环球治理需要价值体系的建构。中国的强劲崛起需要软实力的建构。软实力是作为一个大国和强国必不可少的基本要素。在某种程度上，中国崛起的硬实力部分比软实力部分较早、较快提升，也容易得到各方面的认可和重视。软实力的构建有利于国家价值体系的形成和国家品牌形象的打造。但是，中国管理理论与管理实践的落差已引起学界的高度重视。软实力构建的滞后可能成为中国和平崛起过程中的障碍。因此，在中国和平崛起的大战略中，应当形成硬实力和软实力，制度因素、文化因素和创新因素平衡协调发展的总体框架。

【本章概要】

如前所述，中国严谨的政治哲学体系乃中华文明通过自我完善和自我保护得以生生不息，延绵千年，饱受挫折而又浴火重生的重要原因之一。儒家和道家的政治哲学长期稳定了中国的国泰民安，引领了社会可持续发展。由于中国哲学家的特质和双重身份，他们创建的哲学理念也与众不同。中国古典哲学具有明显的超越意识。超越性至关重要，只有超越才能引发创新。从张载的"为万世开太平"和"仇必和而解"，读者不难看出中国古典哲学的超越意识。既然拥有"为万世开太平"的战略目标，就必然拥有"仇必和而解"的博大胸怀和创新理念。"仇必和而解"创新理念引领中国和式创新。

超越性至关重要，只有超越才能完成向高级文明的转化。只有创新才能改变世界，引领世界潮流，引领未来。

本章将全面系统阐释中国和式创新理论和四大支柱及其价值体系。

【思考题】

- 为什么1978年中国开启的改革开放将改变人类发展的历史进程？
- 如何理解中国古典哲学的精髓激励创新？
- 如何理解中国和式创新理论及其四大支柱？

大国的崛起与兴衰

在国际政治语汇中,"崛起"(Rise)是天生与"衰亡"(Decline/Fall)联系在一起的用以探讨大国命运的词汇。在西方,爱德华·吉本的《罗马帝国衰亡史》(*Decline and Fall of the Roman Empire*)首开先河,保罗·肯尼迪的《大国的兴衰》(*The Rise and Fall of the Great Powers*)则承接这一使命,探讨了大国兴衰现象和规律。一般认为,大国崛起意味着战争和通过跨国公司整合资源。特别是在西方语境下描绘的"崛起",带有"霸权交替""权力转移"的潜在逻辑,因而新兴大国的崛起往往引起传统霸权国或守成国的不安;正如本书第一章所阐述的,作为中国的发展战略,中国的政治语汇更多选择"中国道路""中华民族的伟大复兴"和"和平崛起",而非"中国崛起"或"中国模式"。但"复兴"同样引起周边国家对中国的担忧,"模式"也引起别国对中国是否有意要他人复制其模式的疑虑。由此可以看出讲好中国故事,构建叙事能力的重要性和必要性。"中国的和平崛起"即是向国际社会表达中国国家理念和国家发展目标的正面、积极语汇,又是消除国际社会对于中国崛起担忧和疑虑的战略途径。毫无疑问,中国崛起的战略应是深思熟虑,切实可行,无懈可击的。然而,对于国际社会而言,特别是西方世界,他们了解中国的百年耻辱,因此他们充满着忧虑、纠结和恐惧。从理论上阐释中国和平崛起至关重要,只有从理论上阐释中国和平崛起,才能从根本上消除外界的疑虑。向世界昭示中国崛起的模式非同于传统大国崛起的模式。

中国是一个崛起的大国。综观世界历史，大国崛起往往伴随着军事冲突。修昔底德陷阱意味着崛起的大国必然挑战守成大国。特别是在二者价值观相左时，崛起的国家会与现存的大国产生军事对峙。在21世纪的今天，崛起的中国和现存的美国拥有不同的文化传统。因此，处理中美关系需要智慧，只有靠智慧，才能力避修昔底德陷阱。毫无疑问，中美关系是21世纪最重要的关系。中美关系和中美利益已经远远超出中美的范围，它引起世界的瞩目。

对于中国的强劲崛起，国内外有着不同的解读。在西方社会出现频率最高的词汇就是"中国威胁论"和"中国崩溃论"。然而，在中国国内频率最高的词汇就是"山寨大国"和"经济怪物"。除了这些论调提出者有不同的目的外，"盲人摸象"的因素也是存在的。把中国故事讲好、讲完善很重要，要讲出故事的来龙去脉，历史根源，构建叙事能力。

作为中国的发展和中华民族复兴的战略，中国的崛起称为"和平崛起"。如前所述，从汤因比"挑战和应战"学说阐释文明的起源，到熊彼特研读"同情"和"私利"的矛盾中创建其创新理论，从克里斯滕森的"持续性"创新和"断裂性"创新到"堵塞"与"开启堵塞"理论，我们都看到了矛盾与创新的密切关系。毫无疑问，"和平崛起"是中华民族的伟大创举，也是中国特色的创新。"和平"与"崛起"也是一对矛盾。所以，中国学术界乃至国际学术界呼唤中国崛起的理论，讲好中国故事，构建中国崛起的软实力，增强自信心和话语权。

中国的和平崛起促使学界重新定义大国崛起的理论。中国的和平崛起完全不同于传统意义上西方大国崛起的模式。聚精会神搞建设，一心一意谋发展，中国要走的是和平发展与共同发展的强国之路。而和平发展与共同发展又是多数国家的共识，中国要实现强国梦，世界要实现繁荣梦。这里要追求的都是可持续发展：社会与政治可持续发展，经济与环境可持续发展。中国和式创新不仅引领政治和社会可持续发展，而且引领经济和环境可持续发展。

中国和式创新的定义

中国和式创新是一种刚柔相济、智者求同的共建、共享、共赢的战略模式，是中国特色的社会创新，是指对于某个社会问题提出的新颖的、创新的解决方案。此方案比现有的办法更富有特色，效益更高，效果更好，更加公正和具有可持续发展。同时它所创造的价值为整个社会带来利益。

中国和式创新立根原在"坚"岩中。它是根植于中华文明和文化的、中国本土的创新理论。从战略的层面讲，中国和式创新是对于中国的四个自信：道路自信、理论自信、制度自信和文化自信的重要补充和支撑。

和则成体，合则聚势。从企业层面讲，中国和式创新将有助于中国企业打造全球化思维、战略思维和全球竞争力；高瞻远瞩，比肩环球公司，超越环球公司；形成自己的先进理念和核心优势，促使中国企业成为世界舞台上新的、闪亮的坐标，形成新的制高点。

中国和式创新理论的理论架构

"中国和式创新"的精髓可以用十六个字、四句话高度概括，又称"和"式创新的四大支柱，即：拥抱矛盾，与时俱进，求同存异，和谐包容。其价值体系可以用三个"融合"高度概括：前瞻性战略和应急性战略的融合；计划经济和市场经济的融合；东西方管理思想和智慧的融合。

中国和式创新更多体现在上层建筑和意识形态领域。它包含有两个层次：第一是理念和哲学上的创新。它作为顶层设计的指南，打破精神桎梏，帮助启发人们的思维和解决上层建筑领域的

问题，促进社会和政治可持续发展。二是技术和管理上的创新。它平衡和协调"自主创新"和"模仿创新"，促使经济和生态可持续发展，帮助打造坚实的经济和环境基础。两个层面的创新相辅相成，使得中国和式创新成为一个民族进步的灵魂。

更确切地讲，"拥抱矛盾"是一种高超的政治智慧和社会发展战略，它引领中国社会和政治的可持续发展；"与时俱进"是中国崛起之魂，治国理政的秘籍，它引领中国经济和环境可持续发展；"求同存异"是中国外交政策的基石，它促使中国与世界上大多数国家建立良好有效的外交关系，促使中国走和平发展道路，引领中国和平崛起；"和谐包容"促使中国国内建立和谐和睦社会，国际上建立包容共赢的国际关系，它引领中华民族的伟大复兴与实现中国梦。四大支柱，各领风骚，相互依存，使得中国和式创新成为一个国家发展的不竭的重要动力和引擎，助推可持续发展，引领未来。

中国和式创新的"拥抱矛盾"

中国向来不缺乏拥抱矛盾的哲学思想。比如，孔子说："恭而无礼则劳，慎而无礼则葸，勇而无礼则乱，直而无礼则绞（恭敬而不符合礼就会劳倦，谨慎而不符合礼就会畏缩，勇敢而不符合礼就会作乱，直率而不符合礼就会尖刻伤人）"。"礼"在这里的根本目的是产生中和作用，使"恭、慎、礼、直"不至于过度而能达到和谐统一的境界。由此看来，"礼"与"和"之间无疑是既相矛盾又相统一的辩证关系。孔子的礼治哲学，就是希望人们在遵守"礼"的前提下和睦相处，正所谓"礼之用，和为贵。"

拥抱矛盾的历史渊源

"和为贵"一词最初出现在《论语·学而》，其完整的文本是："礼之用，和为贵。先王之道，斯为美。小大由之，有所不行。知和而和，不以礼节之，亦不可行也。"这里的"礼"是指古代的典章制度和道德规范。这里的"和"是指"事之中节者皆谓之和"，为中庸、中和、调和、各得其所之意。礼作为一种广义的交往形式的规范，其原则首先表现为"和"。所谓"和"，从消极的方面看，主要是化解主体间的紧张与冲突；从积极的方面看，和则指通过彼此的理解与沟通，达到同心同德、协力合作。可见，孔子所崇尚的是在矛盾中谋求调和与融通，一种和谐与包容的意境，一种世界大同的意境，一种美的意境。这是拥抱矛盾理念的深刻体现。

老子的哲学思想不但精辟独到，而且能与时俱进。哲学的精髓"无为而治"中的"无为"意即"自然"。"无为而治"是指顺应自然变化不妄为而使天下得到治理。原指舜当政的时候，沿袭尧的主张，不做丝毫改变；后泛指以德化民。

唐朝是中国古代社会的鼎盛期，唐太宗的"贞观之治"是与老子的思想分不开的，唐太宗治天下奉《道德经》为圭臬。唐初君臣是十分重视"清静无为"的。唐太宗说："君无为则人乐。"

魏征说:"无为而治,德之上也。"宫中嫔妃也知道"为政之本,贵在无为"。唐太宗告诫朝臣们说:"我从早到晚努力不息,只希望清静无为而治,使天下平安无事,终于得以不再大征徭役,年年五谷丰登,百姓安居乐业。治理国家就像栽树,只有树根坚固不动摇,枝叶才会茂盛。因君能够清静无为而治,百姓为什么不能过安居乐业的生活呢?"

总结起来,"无为而治"主要是说统治者应尽量克制欲望,不要劳民扰民,对政事少干预,顺其自然,垂拱而治,这样做就会收到"无为而无不为"的效果,使社会得到大治。老子"无为而治"的哲学思想,说到底就是"拥抱矛盾"的大智慧。

宋代张载对于中国历史的总结和辩证法规律的归纳中,核心也是"仇必和而解",拥抱矛盾。"有象斯有对,对必反其为,有反斯有仇,仇必和而解"是张载著名的矛盾观命题。"对"指矛盾的对立面,"仇"指对立面的斗争,"和"指对立双方统一体的平衡和和谐,张载还把事物的矛盾变化概括为"两与一"的关系,说:"两不立则一不可见,一不可见则两之用息。"认为"两"与"一互"相联系,互相依存,"有两则有一""若一则有两"。

上述中国古典哲学思想是"拥抱矛盾"这一创新理念的根源所在。

中国企业崛起中"拥抱矛盾"智慧的体现

中国企业的崛起无疑是中国崛起的重要组成部分。我在研究中国企业成功的案例时，发现这些著名成功企业战略管理和创新管理中充分体现"拥抱矛盾"的智慧和思想，贴合中国和式创新的理念。

20年前，西方管理学者断言：尽管中国企业雄心勃勃，但在本世纪难以加入跨国企业行列。事实上，中国企业不仅加入了跨国企业行列，而且成为国际上的知名企业。中国企业成功的案例证明：追随者不仅可以追赶先驱者，而且可以通过拥抱矛盾，采用技术转移、技术跨越和技术创新等创新管理方式，超越先驱者。如中国的联想、海尔、TCL、华为和吉利等，就是通过拥抱矛盾，与时俱进，中国和式创新，在短暂的时间内崛起的。

2004年联想成功收购IMB个人PC业务。2010年吉利成功收购沃尔沃。这两个案例中，最可圈可点的战略就是它们的跨国收购。

跨国收购，尤其是跨越东西方，对于管理者的最大挑战在于：如何让习惯西方管理的原IMB和沃尔沃雇员，能够和中国雇员一起理解企业发展的理念和使命，和谐包容？如何在企业内部融合东西方不同的文化？如何让员工欣赏和尊重东西方不同的价值观？对此，联想和吉利都交出了令人满意的答卷。

很多人在解读这两个案例时，认为它们主要是抓住了机遇。这种回答虽然正确，但不深刻。我以为，联想和吉利成功驾驭了技术和创新的战略管理。在激烈竞争的市场上它们善于把握准确的战略定位；它们及时地做出适当的战略选择；而且企业的技术战略能与其企业总体战略相匹配，并能将其总体战略有效的付诸实施。此乃战略管理的三部曲。它们深谙此道。此外，它们对于企业的可持续发展和管理创新有着更深层次的探究。

联想在拥抱矛盾与企业"和"式管理创新上做出了成功大胆的尝试。2004 年联想并购 IBM 个人 PC 业务的时候，业界普遍质疑。同时，两个公司在管理方法、经营理念、文化背景等等诸多方面存在差异。不仅如此，IBM 诞生于 1924 年，有着成熟、系统和严谨的管理经验，但高管人员趋于老化。联想成立于 1984 年，其高管年龄约为 30 岁，风华正茂，充满生机和活力。高管年龄的差异，价值观、文化和教育背景的不同，这些矛盾和问题是客观存在的，并且是的的确确摆在联想面前的巨大的难题。但是，如果面对矛盾选择避让，放弃初衷，联想恐怕也不会是今天的联想。联想今天已成功跻身 PC 个人业务的一级阵营，成为全球的知名品牌，同时在智能手机业务、智能平板电脑业务方面都取得了非常突出的成绩。联想的成功不仅仅是公司经营的成功，更是企业拥抱矛盾、和式管理创新的成功。联想与外籍员工一道成功地吸收和消化了 IBM 原有的先进的管理经验和技术，并在此基础上使得自己的技术创新能力有了极大的提升，从而使公司成为一个世界著名的技术导向型企业。

吉利面对中国汽车行业过去以市场换技术的被动局面完全走

出了自己的发展道路。李书福高瞻远瞩，凭借对引进"核心技术"的执着，走出去，借助经济危机海外抄底，获取关键技术和高端品牌，使吉利的技术战略和公司总体战略相匹配。2010年吉利成功地收购了沃尔沃汽车公司。在成功收购后，吉利公司便积极地在中国为沃尔沃寻址建厂。通过自己深耕市场十几年的经验，与沃尔沃一起获得成功。同时通过与沃尔沃之间的技术交流，吉利汽车提高了自己产品的技术水平，强化了技术创新能力，并逐步摆脱过去质次价低的情况，提升了自己的品牌形象。然而这桩并购并非一帆风顺。大家都知道瑞典工会的厉害，但是李书福特有的幽默和智慧、友爱和真诚打动了沃尔沃雇员和瑞典工会。如同联想遇到的难题一样，管理瑞典籍员工也成为吉利面临的一大挑战。不同的价值观，不同的思维方式，不同的管理模式着实让吉利感到困难。比如，吉利曾希望让沃尔沃汽车走大众化道路，让更多的人买得起能坐上"沃尔沃"，然而"沃尔沃"却毫不相让，在此问题上的争执充满了火药味。然而，李书福站在企业可持续发展的战略高度，求同存异，拥抱矛盾，和式创新，最终走出困境。

不仅仅是大企业，中小企业也可以通过"拥抱矛盾"的智慧激励企业管理创新，实现企业的发展壮大。近日，我在广东一些中小企业调研时，欣喜地看到有些企业在面对劳动力成本上升以及激烈的市场竞争，反而把提高员工薪酬待遇作为企业的经营目标之一，通过强化企业内部管理以及调动员工的创新热情，使得企业发展成为全球该细分市场的领军者。这与西方政府乃至企业提出的瘦身战略形成鲜明对比。

我认为：拥抱矛盾与和式管理创新有着密切的关系。中国古代哲学中的拥抱矛盾、激励创新，对于今天中国的企业管理具有现实借鉴意义，符合企业的战略管理理念。在企业管理中，挑战无时不有，矛盾无时不在。企业要正视矛盾的存在和拥抱矛盾，因为拥抱矛盾可以激励中国企业管理创新。今天，中国的企业家以及他们所领导的企业已经非常了解自己的文化，熟悉这个巨大的市场，但这是不够的。孙子兵法讲，"知彼知己，百战不殆"。在战略管理上我们讲，在进行战略定位、战略选择和战略实施时，不仅要看它的内部环境分析，同时还应该要考虑它的外部，对它的外部环境进行分析。而这外部的概念就是指的中国以外的地方，比如非洲、欧洲和美国。因此，战略管理要求首席执行官等高级管理人员能够表现出这种豁达和睿智，站得高，看得远。这是成功的关键。

拥抱矛盾既不是对矛盾听之任之，也不是用一方的观点完全取代另外一方，而是在面对矛盾和面对问题时求同存异，激励管理创新，努力找出应对方法，从而形成双方或多方共赢的局面。改革开放以来，中国确实从西方学到了很多东西。但是随着时间的推移，中国的管理者们也发现唯西方马首是瞻，完全西化的管理模式并不能解决中国企业发展的特殊问题。中国企业，有些中外合资企业，依赖西方投资和技术，依靠西方管理获得快速发展。它们在过去的发展中总体是成功的，但这不能保证在未来继续成功。

作为本节的结束语，我呼吁：中国成为世界第二大经济体，这就意味着世界上的著名企业都会蜂拥而至，"抢地盘，分蛋糕"，中国企业只有展现出大智慧，拥抱矛盾，和式创新，融合东西方管理思想和智慧，迎接挑战，激发创新思维，打造自己的品牌，才能使其更具竞争力，立于不败之地。

中国和式创新的"与时俱进"

"与时俱进"源自《易经》"与时偕行"。《易经》的"益卦"中有这样一句话："天施地生，其益无方。凡益之道，与时偕行。"意思是说，给人民大众带来利益，就像高天降下雨露，大地滋生万物，没有什么固定的方法。如果抓关键，就是随时令前进，把握时机施行。

孔子思想具有博大精深、枝繁叶茂、继往开来、与时俱进的特征。儒家思想能够在两千多年的历史中经受种种考验，正因其不断自我更新，与时俱进。

"与时俱进"造就繁荣中国，"与时俱进"是中国崛起之魂。中国走上社会和经济可持续发展轨道，尤其是促使6亿人口摆脱贫困，这在人类历史上都是史无前例的。毋庸置疑，这与和式创新的精髓"与时俱进"有着密切关系。2008年华尔街金融泡沫破裂，世界经济遭受挫折，世界经济发展缓行。然而，中国经济持续稳定高速增长，为低迷的世界经济注入活力。2015年3月中国倡议的"一带一路",为中国寻求新的战略机遇期,同时进一步为世界经济注入新鲜血液。这些都是中国改革开放这场伟大变革中的经典案例。它们是中国和式创新理论,特别是"与时俱进"理念的重要践行。

中国加入世界贸易组织（WTO）

2001年12月11日,中国在激烈的争论之中毫不犹豫地正式加入世界贸易组织（WTO）,成为其第143个成员。加入WTO,中国即取得多边、稳定、无条件的最惠国待遇,并以发展中国家身份获得普惠制等特殊优惠待遇,有利于实现市场的多元化,使中国出口贸易有较大的增加。自加入WTO之后,中国经济一路非凡,表现卓越,2010年超越日本成为世界第二大经济体,每年GDP增长百分点保持在两位数,稳居所有经济大国之首,且远远超出了经合组织成员国家的平均增长率。入世以后是中国发展最快、最好的时期之一。中国快速崛起的速度引起世界瞩目。中国加入WTO推动了国内的全面改革,这比出口更多商品、吸引更多外资本身更重要。世界贸易规则不仅仅推动了中国对外经济贸易关系的透明,也推动了政府的阳光运作,加强了中国政府与人民的联系,在中国经济体制改革和政治体制改革方面发挥了重要的作用。

中国户籍制度改革

中国的城乡二元体制其实只是一个短期的现象。在漫长的历史中，中国一直处于农业社会。中华人民共和国成立之初，并没有对公民自由迁徙限制，也没有严格的户籍制度，中国人口曾经有过短暂的自由流动。20 世纪 50 年代初开始，中国开始逐步通过实施户籍制度，建立起城乡二元社会体制。城乡一体化是一场重大而深刻的社会变革，其目标在于改变长期以来形成的城乡二元体制，实现城乡均衡发展。从 1951 年，公安部公布《城市户口管理暂行条例》，到 2014 年，国务院出台《关于进一步推进户籍制度改革的意见》历时 60 多年，中国顺应时代发展与社会变迁的需要，与时俱进，不断进行户籍制度改革，促进了中国社会的稳定和可持续发展。

"一带一路"倡议

"一带一路"是中国的，也是世界的，核心理念是共同发展，目标是合作共赢。当前，世界经济增长动力不足，投资和贸易低迷，反全球化、逆全球化思潮蔓延，贸易保护主义上升，"国家第一主义"抬头，世界面临开放与保守、变革与守旧、经济一体化和"本土化"的矛盾与挑战。然而，世界进步潮流不可阻挡。历史和现实终将证明，搞封闭、排他性的安排没有前途，只有开门搞合作、大家都受益，才是人间正道。"让世界经济的大海退回到一个一个孤立的小湖泊、小河流，是不可能的，也是不符合历史潮流的"。"一带一路"是人类共同的进步事业，是人类命运共同体的重要载体。

更进一步讲，"与时俱进"体现时代性。把国家的建设同当今世界先进生产力和人类文明进步的发展方向联系起来，同中华民族在 21 世纪实现现代化的奋斗目标联系起来，与时代脉搏紧紧相扣，与时代发展息息相通，是时代精神最集中的体现。它更加突出了思想路线的进取性。它昭示和要求人们要有一种时不我待、不进则退的紧迫感，一种深切的历史忧患意识，一种昂扬向上、奋发有为的精神状态，一种不甘落后、奋起直追、实现民族复兴的雄心壮志和能力。它更加突出了思想路线的时代性。它昭示和要求人们的认识要跟上社会的进步和时代的发展，不仅要与时代同步，正确反映时代的主题和本质，更要具有一定的前瞻性，认清并把握时代和世界发展的大趋势，进而始终站在时代发展和世界潮流的前列。与时俱进更加突出了思想路线的开放性。它昭示和要求人们要具有环球化眼光和战略眼光，在分析问题、解决问题时，既要着眼国内，也要着眼世界；既要着眼现实，也要着眼未来。它更加突出了思想路线的创新性。它的真谛是昭示和要求人们不断发现和掌握新的真理，从而避免真理可能因跟不上事物的发展变化而变为谬误，避免认识可能因跟不上事物的发展变化而产生偏差。

中国和式创新的"求同存异"

孔子曰："君子和（1）而不同（2），小人同而不和。"（1）和：不同的东西和谐地配合叫作和，各方面之间彼此不同。（2）同：相同的东西相加或与人相混同，叫作同。各方面之间完全相同。孔子认为："君子讲求和谐而不同流合污，小人只求完全一致，而不讲求协调"。"和而不同"是孔子思想体系中的重要组成部分。君子可以与他周围的人保持和谐融洽的关系，但他对待任何事情都必须经过自己大脑的独立思考，从来不愿人云亦云，盲目附和；但小人则没有自己独立的见解，只求与别人完全一致，这体现在处世为人方面。其实，在所有的问题上，往往都能体现出"和而不同"和"同而不和"的区别。"和而不同"显示出孔子思想的深刻哲理和高度智慧。"和而不同"是孔子所描述的一种十分理想的境界。"和"是指一种多样性有差别的统一，不同是指有自己的理念不盲目遵从他人。总的来说就是坚持自己的理想信念并包容理解别人的想法。《道德经》也讲"万物负阴而抱阳，冲气以为和"，将矛盾对立双方互相冲突交和作为达到和谐状态的必要条件。

"和谐"是中华传统文化的精髓。"和而不同"的实质是追求内在的和谐统一：和谐而又不千篇一律，不同而又不相互冲突；和谐以共生共长，不同以相辅相成。"求同存异"则是找出共同的地方而又不排斥不一样的意见。两者都是对宽容的一种解释。"和而不同"是达到一定高度后的一种境界，"求同存异"则是为达到这种高度的一种修炼方法。

在中国和平崛起的过程中，处理中美关系，也就是崛起大国和现存大国之间的关系无疑是最重要的挑战之一。如何避免修昔底德陷阱和战略误判，破解崛起大国势必挑战现存大国的逻辑，消除国际上的疑虑？中美是不同社会制度，不同文化和文明状态，不同价值体系，不同发展阶段的两个大国。这些差异决定了中美关系不同于当前任何一对双边关系。中美关系具有特殊性和复杂性，处理中美关系没有先例可循。然而，中美关系从1972年建交以来，特别是1978年改革开放以来，双双本着"求同存异""君子和而不同"，携手共进的原则，不断"寻求利益汇合""超越对抗与遏制""实现良性互动""构建利益共同体"，逐步"走出一条大国之间和谐相处，良性互动，互利共赢的新型伙伴之路"。

我认为，"求同存异"作为中国和式创新理论的四大支柱之一，不仅仅成为中国参与环球治理，制定对外政策的基石，而且也是中国企业继承传统和吸收西方管理经验，通过传承、融合和创新，创建跨国经营理念，创建跨国公司理论，参与环球治理发挥积极作用的支柱。

中国和式创新的"和谐包容"

《左传·襄公十一年》："晋侯以乐之半赐魏绛，曰：'子教寡人和诸戎狄，以正诸华，八年之中，九合诸侯，如乐之和，无所不谐。请与子乐之'"。社会和谐是人类社会的永恒理想。早在先秦时代，古人即从乐律的和谐发现了"万物并育而不相害"的自然理性，并把它推进为"道并行而不相悖"的社会理念，由此提出"德行宽容"的主张。《易经》中的《象传》说："地势坤，君子以厚德载物。"此言不仅告诫人们要有大地的包容性、宽厚性、容忍性；而且告诫人们要有负载万物的胸怀，不计较个人得失、个人恩怨；要有包容一切的高尚品德。海纳百川，有容乃大；壁立千仞，无欲则刚。追求社会和谐自古以来就是中国和世界人民的普遍社会理想，是各种文化中一种恒久的普世价值。在当今世界上，在人与自然之间、人与人之间、国与国之间存在着种种矛盾和不协调，需要人类以正视现实的政治智慧和道德勇气去解决、去调适。和谐社会理念的提出，反映了中国的一种内在需求，反映了世界的期盼，势必激起一种普遍的心灵呼应和关注。

中国外交的根基是独立自主以及和平共处五项原则。和谐世界的提法来源于这一根基，同时又在此根基上有所发展。和谐世界要求各个国家、各种制度和各种文明之间不仅仅是和平共处、互不干涉内政、井水不犯河水，还进一步发展为和谐共存，增添了彼此尊重、相互借鉴、取长补短、共同发展等一些新的内涵。换句话说，就是增加了各类国家和各种力量之间积极互动的新要素。从和平共处到和谐共存，体现了中国外交理念既与时俱进，求同存异，又一脉相承。建设和谐世界，应当坚持民主平等，实现协调合作；坚持和睦互信，实现共同安全；坚持公正互利，实现共同发展；坚持包容开放，实现文明对话。为推动建设持久和平、共同繁荣的和谐世界，应秉持和平、发展、合作、共赢、包容理念。第一，用更广阔的视野审视安全，维护世界和平稳定；第二，用更全面的观点看待发展，促进共同繁荣；第三，用更开放的态度开展合作，推动互利共赢；第四，用更宽广的胸襟相互包容，实现和谐共处。

第七章

中国和平崛起
绝不跌入修昔底德陷阱

上律天时,下袭水土。辟如天地之无不持载,永不覆帱;辟如四时之错行,如日月之代明。万物并育而不相害,道并行而不相悖。小德川流,大德敦化,此天地之所以为大也。

(春秋至秦汉)《礼记·中庸》

中国和式创新与中国和平崛起的战略关系如何？

如何用中国和式创新理论解读《历史终结论》？如果没有终结，未来的模式如何？世界未来的发展趋势是什么？

在 21 世纪巧遇美国和中国系第一和第二大经济体。但这两个大国——美国和中国分属两个不同的文明，有着不同的历史，不同的价值体系，不同的社会制度。根据大国崛起的理论和亨廷顿的《文明冲突论》的思想，中美在处理一系列国际事务中面临着挑战。在西方，亨廷顿《文明冲突论》有着深远的影响和认可度，亨廷顿的追随者认为，美国和中国必有一战。这一论点在世界上，特别是在西方社会和美国造成了很大的影响。如何用中国和式创新理论阐释中国和平崛起的路径？向世界昭示中国的崛起非同于传统大国的崛起，破解"崛起大国必然挑战守成大国"的历史魔咒？力避修昔底德陷阱？

【本章概要】

实质上，本书的大量篇幅都在回答这些问题。毋庸赘言，本章将会更有针对性。首先，本章将梳理和剖析《历史终结论》

(*The End of History*)和《文明冲突论》(*The Clash of Civilization*),指出它们的局限性。第二,本章将阐述文明国家和民族国家的不同特征。中国是上古老的文明古国,它处世的方式与众不同,它崛起的方式也不同于传统大国崛起的方式。第三,本章将运用中国和式创新理论解读《历史终结论》和《文明冲突论》的局限性以及何为"修昔底德陷阱"。第四,本章将阐释中美两国之间的博弈并非零和博弈,"中美必有一战（Destined to war between China and US）"系站不住脚的伪命题。最后本章将阐释中国通过和平崛起与创新力避修昔底德陷阱。

【思考题】

- 中国和平崛起可否避免修昔底德陷阱？
- 能否破解崛起大国必然挑战守成大国的历史魔咒？
- 中国和式创新能否从学术上和理论上解读近40年来中国和平崛起的路径？

西方对于中国崛起的纠结

2009—2012年之间我在英国索尔福德大学承担由英国文化委员会（British Council）提供资助基金的英国首相第二期项目（Prime Minister Initiative Two PMI2）。这个项目有两个子项，一个是英中合作（UK-China Connect），一个是英美合作（UK-US Connect）。这个项目的宗旨是在全球高等教育机构中促进创新和创业教育，提高学生的全球化公民意识，培养全球化负责任的领导力和人才。在美国我拥有6个合作伙伴，其中包括斯坦福大学、麻省理工学院斯隆管理学院和宾夕法尼亚（州立）大学等。我有幸在这些学校举办讲座并就中国创新和创新战略发表演讲。2012—2015年上半年我在宾州大学伊利校区工作，给MBA学生讲授战略管理。在这期间，除了更多接触学校的学术科研人员和学生外，我还接触到政界和企业界的有识之士。在课上、课下、校内、校外，我听到了有关中国创新和中国崛起的各种各样的议论、疑虑和问题。归纳起来，主要分为两类。

第一类是有关中国创新的。

作者2014年摄于美国宾州大学伊利校区

中国是创新大国？还是山寨大国？

中国创新战略如何？技术战略如何？

中国有否拥有强有力的知识产权保护战略？实施如何？

第二类是有关中国崛起的。中国在2010年超越日本已成为世界第二大经济体。毫无疑问，在中国国内这是一个大好消息，中国人为之骄傲和自豪。但在西方的反馈就不一样了。奥巴马曾指出，尽管许多美国人希望他们的总统有能力对抗和制衡中国，但是，"我很明确地表示，我们更应该惧怕一个衰落的、受威胁的中国，而非一个崛起的中国。""在传统大国关系中，我相信美国和中国的双边关系将是最为重要的。""如果我们正确行动，中国也坚持和平发展，那么美国就会有一个持续发展的伙伴，与我们一起承担维护国际秩序的重担和责任。如果中国失败，如果未来中国的发展无法满足其人口需求进而滋生民族主义，如果中国感到不知所措而无法承担起构建国际秩序的责任，如果中国仅仅着眼于地区局势和影响力，那么我们将不仅要考虑未来与中国发生冲突的可能性，更应知道，我们自身也将面临更多的困难与挑战。"

尽管奥巴马总统对于中国崛起有理性和全面的理解，但对于一些普通美国人，特别是那些了解世界历史特别是了解鸦片战争以来历史的人来说，他们的内心也许会有一种说不清的感受。

现在看来，当年的日不落大英帝国对于美国的崛起是表示支持和欢迎的。我分析，原因就是美国和英国拥有相同的文化和价值体系，分享相同的历史。正是因为大英帝国并没有遏制美国的崛起，因此美国的崛起之路一路走来，顺风顺水。美国在其三百多年的经济发展的道路上没有遭遇过起伏兴衰和没落的感受。曾几何时，奥巴马刚刚出任美国总统时还满怀信心地指出，美国是世界第一大国，为美国的第一号超级大国的地位感到自豪，美国不能接受第二的地位。然而，2012年2月奥巴马接受《时代》(Time)杂志专访谈及中国时指出，"中国已经是地球上人口最多的国家，也是全球最大或第二大经济体，很快就会变成最大的经济体，这几乎是无可避免的"。这是奥巴马总统第一次公开承认和相信中国终将成为第一大经济体。

中国已成为世界第二大经济体，下一步的打算如何？
历史上大国崛起大多通过战争掠夺资源，中国如何崛起？
中国崛起靠什么？
中国反复强调的和平崛起是否属于孙武式的战略？

中美拥有不同的价值观，中美分别属于不同的文明。崛起的中国一定要挑战当今的世界霸主美国吗？中美可否避免修昔底德陷阱？

芝加哥大学政治学教授，"进攻性现实主义"代表人物约翰·米尔斯海默就是"中美必有一战"观点的代表人物之一。

在美国的那一段时间里，我曾尝试回答这些问题。但现在看来，当时的回答是不完善的、支离破碎的，既缺乏中国和平崛起理论上的依据，在学术上的研究和战略上的依据也须更加完善。这些年来，我一直在深刻地思考这些问题，思考一个完整的答案，中国崛起的理论和软实力，中国和平崛起的理论，中国崛起的价值体系和话语权。实际上也就是本书多次提到的，向世界说明中国，讲好、讲完善中国故事，构建叙事能力，为中国有效、有力地发声。

西方历史研究中的关于大国崛起的研究可追溯到公元前 5 世纪古希腊历史学家修昔底德著的《伯罗奔尼撒战争史》（*Peloponnesian War*），其观点也就是大家通常所讲的修昔底德陷阱。在西方，世界历史研究、国际关系理论和政治学中都有涉及大国崛起的理论。在环球治理的过程中，不可能有一个超级政府的存在管理整个世界，有效地环球治理。崛起大国和守成大国之间信任常常出现赤字，互相惧怕，安全成为首要问题。纽约城市学院政治学教授约翰·赫兹认为，为确保自身安全，国家被迫摄取更多的权力，避免受到他国权力的冲击。在一个充满竞争的无政府体系中，没有任何国家是感到绝对的安全。权力角逐的恶性循环难以避免。西方国际关系理论现实主义学派中一些人提出，一个新兴大国的崛起，必然会影响甚至打破现有的国际力量均衡，从而导致国际局势不稳定，引发冲突，甚至战争。西方新自由主义学派认为，从现实主义出发不能罔顾中国崛起的现实，应该将和平崛起的中国纳入以美国为主导的国际体系。建构主义学派认为，一个崛起的大国也需要与其他国家建立积极的认同关系和为国际社会所接受。看得出来，西方社会对于中国强劲崛起的现实是如何的纠结与无所适从。

没有终结的"历史终结论"

哈佛大学政治学者弗朗西斯·福山先生在苏联 1991 年解体后发表了著作《历史的终结及最后之人》(*The End of History and the Last Man*)。这是福山先生 1992 年出版的一部重要著作。这部著作根据他 1989 年发表在国际事务期刊《国家利益》(*The National Interest*)上的论文《历史的终结?》(*The End of History*)扩充而成。福山在书中提出,西方国家自由民主制的到来可能是人类社会演化的终点,是人类政府的最终形式。这一论点被称为"历史终结论"。福山在其书中还提出"共产主义失败论",根据福山的观点,苏联解体、东欧剧变、冷战的结束标志着共产主义的终结,历史的发展只有一条路,即西方的市场经济和民主政治。在他看来,人类社会的发展史,就是一部"以自由民主制度为方向的人类普遍史"。自由民主制度是"人类意识形态发展的终点"和"人类最后一种统治形式"。

"历史终结论"的重要观点如下:
- 历史可被视作一种进化形式;
- 历史终结后仍会有事件发生;
- 对人类未来悲观是恰当的,因为人在控制科技上是无能的;
- 历史终结意味着自由民主制将成为所有国家政府的唯一形式,而且是最后的形式。

今天看来，福山提出的"历史终结论"和"共产主义失败论"均偏颇。历史不但没有以他想象的结论终结，而且远远超出他的想象。如前所述，福山是一位与时俱进的学者。多年后福山推出《政治秩序与政治衰败：从工业革命到民主全球化》一书，书中修订了自己的观点。

福山教授 2012 年在北京大学发表演讲指出，国家、法治和责任政府是三项非常重要的制度因素。根据韦伯（Max Weber）的国家定义，中国在秦朝就出现了现代意义上的国家，这比大多数西方国家要早得多。但中国历史上相对缺乏法治和责任政府，虽然儒家思想从道德制约的角度在一定程度上替代了法治的作用。在欧洲的历史上，最先出现的是法治和责任政府的因素，现代国家则到 17、18 世纪才开始出现。在回答听众提问时，福山教授指出，世界的未来在很大程度上受到中国政治发展的影响。

福山 2014 年在《外交事务》（*Foreign Affairs*）上撰文，历史没有终结，而民主政治的标杆美国正在承受社会政治衰败之苦。他把西方民主的衰退原因概括为：一是美国政治正发生两极化倾向。有研究显示，在一些美国家长看来，对于儿女结婚对象的宗教或族裔并不重要，他们更在意对方是否属于不同党派。二是有太多利益集团为自己的利益大把砸钱游说。三是在制度层面美国的权利制衡体系太复杂，拥有否决权的人太多，形成"否决政治"。特朗普当选后，福山先生 2016 年 11 月在英国《金融时报》（*The Financial Times*）网站发表题为《美国对抗全世界？特朗普的美国与新全球秩序》(*US against the world? Trump and the new global order*)的文章指出：特朗普在选举中意外击败希拉里，这不仅对美国政治而言是一个分水岭，对整个世界秩序而言也是如此。2016年福山重申他对以前的历史终结理论的结论要做出修正。他在法治和民主问责之外另加第三变量——国家治理能力，他认为很多国家在这三项中前两项得分高，但是第三项得分很低，造成社会混乱，经济发展严重滞后。

我认为，中国和式创新促使中国和平崛起，中国强有力的政府，中国治理的成功经验和社会与经济的可持续发展为他提出的第三变量提供了经典案例。

"文明冲突论"只能是一种伪命题

作为对其学生福山"历史终结论"的回应，哈佛大学政治学者塞缪尔·亨廷顿1993年在夏季号《外交》(*Foreign Affairs*)季刊发表《文明的冲突》(*The Clash of Civilization*)一文，引起学术界广泛而激烈的竟说争鸣。从此以后亨廷顿也不断发表文章和出版专著，进一步申辩和解释自己的观点，其中包含了他对自己个别观点的修改和更正。1996年，亨廷顿出版了《文明的冲突与世界秩序的重建》(*The clash of civilizations and the remaking of world order*)一书，书中他系统地提出了"文明冲突论"。与福山的"历史终结论"不同的是，亨廷顿认为冷战后世界格局的决定因素表现为七大或八大文明，即中华文明、日本文明、印度文明、伊斯兰文明、西方文明、东正教文明、拉美文明，还有可能存在的非洲文明。他指出，冷战后的世界冲突的基本根源不再是意识形态，而文化方面的差异，主宰全球事务的主要因素将是"文明的冲突"。

亨廷顿的"文明冲突论"的核心观点有以下几点：

第一，未来世界的国际冲突的根源将主要是基于文化和文明，而非意识形态和经济。全球政治的主要冲突将在不同文明的国家和集团之间进行，文明的冲突将主宰全球政治，文明间在地缘上的断裂带将成为未来的战线。全球政治的核心部分将是西方文明和非西方文明及非西方文明之间的相互作用。冷战后的国际政治秩序是同文明内部的力量配置和文明冲突的性质分不开的。同一文明类型中是否有核心国家或主导国家非常重要；在不同文明之间，核心国家间的关系将影响冷战后国际政治秩序的形成和未来走向。第二，文明冲突是未来世界和平的最大威胁，建立在文明基础上的世界秩序才是避免世界战争的最可靠的保证。因此，在不同文明之间，跨越界限非常重要，在不同的文明间，尊重和承认相互的界限同样非常重要。第三，全球政治格局正在以文化和文明为界限重新形成，并呈现出多种复杂趋势：在历史上第一次出现了多极的和多文明的全球政治；不同文明间的相对力量及其领导或核心国家正在发生重大转变，文明间力量的对比会受到重大影响。第四，文化、西方文化，是独特的而非普遍适用的；文化之间或文明之间的冲突，主要是目前世界七种文明的冲突，而伊斯兰文明和儒家文明可能共同对西方文明进行威胁或提出挑战，等等。

亨廷顿在其《文明的冲突与世界秩序的重建》中文版序中写道："在这样一个多元化的世界上，任何国家之间的关系都没有中国和美国之间的关系那样至关重要。如果中国经济在未来 10 年或 20 年中仍以现在的速度发展，那么中国将有能力重建其 1842 年以前在东亚的霸权地位。另一方面，美国一贯反对由另一个强国来主宰欧洲或东亚，为了防止这样的情况发生，美国在本世纪参加了两次世界大战和一次冷战。因此，未来的世界和平，在相当大的程度上依赖于中国和美国的领导人协调两国各自利益的能力，及避免紧张状态和对抗升级为更为激烈的冲突甚至暴力冲突的能力，而这些紧张状态和对抗将不可避免地存在。"亨廷顿的这一段文字对东西方文明的阐述以及对于中美关系的认识似乎柔和切题了很多。

有评论家指出亨廷顿将华夏文明，包括儒家文化列为未来文明冲突中最可能"惹麻烦"的文明，声言中华文明将对世界构成挑战。这显然是亨廷顿对于东西方文明研究的局限性和对中国文化、中国"和"文化、中国儒家"和为贵"理念的熟视无睹。他对于中华文明缺乏全面的了解和深刻的认识。正如英国历史学家汤因比指出的，中华文明是在华夏族的先民们面对黄河两岸的大自然的挑战和应战中诞生的，但它更多的是接受大自然的挑战，更多的是挑战大自然，应战大自然，而非挑战别的人类文明。中华文明是独特的、创新的、开放的、具有前瞻性和气势磅礴的

"天人合一，天下为公"的社会理想，"天下兴亡，匹夫有责"的担当意识，"止戈为武，协和万邦"的和平思想，"己所不欲，勿施于人"的处世之道，"求同存异，和而不同"的东方智慧和大国外交之魂，"自强不息，厚德载物"的奋斗精神，"为政以德，政者正也"的治理思想，"安不忘危，居安思危"的忧患意识，"天下为公，大同世界"的世界观，"崇尚自然，返璞归真"的可持续发展观，"和平共处，和谐包容"的东方特质，"拥抱矛盾，与时俱进"的创新理念。这些特征是中华文明所特有的。这些鲜明的特征昭示中华文明没有支持"文明冲突论"的依据，没有挑战非中华文明的基因。

有评论家指出，"文明冲突论"自1993年问世后，它给亨廷顿带来的与其说是学术声誉，倒不如说更多的是争议甚至责难。他长期生活在矛盾之中，恨他的人恨得要死，爱他的人爱得要命。2001年"9·11事件"的发生，似乎佐证了他的命题。支持他的人把他尊为伟大的预言家。但这是向世界发出一个危险的信号。几个恐怖主义分子是不可能代替一个文明的。2001年9月20日，美国总统布什在国会参、众两院联席会议上演讲，向全国发出战争动员，将目标锁定在阿富汗境内的"基地"组织及其头目本·拉登。布什宣称："将把我们掌握的一切资源——每一种外交方式、每一个情报工具、每一类执法手段、每一股财政力量和每一种必要的战争武器——用于瓦解和捣毁全球恐怖主义的网络。"在向阿富汗发起进攻时，西方领导人，包括美国总统布什和英国首相布莱尔明确指出，这不是对于伊斯兰文明的冲突，而是要消灭恐怖主义。

亨廷顿有关中华文明和西方文明必定发生冲突的假设偏颇，有很大的局限性。特别是对于中华文明的看法，更是缺乏依据，显示了他缺乏对于中华文明的全面了解。亨廷顿于1991年就从地缘政治的角度把中国的崛起和当初德、日的崛起类比，认为中国是对美国全球安全利益的潜在威胁。他提出的"文明冲突论"，实际上是把西方的"中国威胁论"进一步理论化。

孔根红博士在其《看清前方的路：国际政治与中国战略》一书中评论"文明冲突论"时指出，要指出亨廷顿"文明冲突"理论的失误似不难。亨廷顿是国际政治理论专家，且是颇具盛名的国际问题专家，但他不是文化学家，更不是文化史学家。一个不研究"文明"的人闯进"文明"的领域有些勉强。

第一，亨廷顿笔下文明的概念极为模糊、混乱。文化与文明的界限不清。实际上文明与文化有联系，但也有区别。一般说来，文明的范围大于文化。

第二，亨廷顿将不同文明的冲突推到极致，忽视了文明间的相互影响与融合。不同文明并非是人类冲突的根源，相反，它们是世界融合的起点与归途。人类文明史，是长期的相互依存、求同存异、不断融通与彼此推进的历史。西方文明本身也是博采众家之长的产物。

第三，亨廷顿将文明国际政治化，进而将文明专制化、权利化，其"文明冲突论"是冷战思维的继续。亨廷顿将国际关系的利益冲突、经济冲突、军事冲突、政治冲突、意识形态冲突，都贴上文明冲突的标签，将文明冲突极端化、国际政治化，显然违背了文明的属性。

与亨廷顿的观点相左的是，中华民族历来是爱好和平的民族，一直追求和传承和平、和睦、和谐的坚定理念。中华民族的血液里没有侵略他人、称霸世界的基因，中国人民不接受"国强必霸"的逻辑。中华文明经久不衰，经过数千年的积淀，历久弥新，它培育华夏文明的"和"的文化、思想、理念与和平基因，刚柔并济、智者求同的创新理念。中国的核心价值观在东西文化上兼收并蓄，在古今历史上传承升华，不仅向世界展现了中国坚定实现中华民族的伟大复兴、社会现代化、不断走向社会进步，而且为广大发展中国家树立了文化典范。作为世界上最大的发展中国家，尽管中国已经崛起为世界第二大经济体，但其历史经验与大多数发展中国家相似，坚持走和平发展道路，正是为了避免重蹈传统大国崛起的覆辙。中国区分对内与对外价值观，"己所不欲，勿施于人"，不会将自己的价值观强加于人，而是充分尊重各国家和民族的文化价值观和自主选择权，最大限度地包容各国的差异性，提倡互相学习借鉴，为共建、共享、共赢的战略模式奠定文化和心理基础。

民族国家与文明国家

理解文明国家和民族国家的不同特点，更便于理解它们在处理问题和治理国家方面的异同。

就"民族国家"而论，在现代政治哲学体系中出现了各种各样的国家理论，国家是构成现代世界体系的基础。基于个体权利建构起来的现代主权国家，具有强烈的契约论色彩，但还非常需要一种精神性的整合力量。因此，在现代国家成长的现实路径中常伴随着强烈的民族意识的觉醒。现代主权国家与民族主义是相辅相成的。国家建立，现代民族主义精神应运而生，浓厚的民族主义精神又有着强烈的建国愿望。"民族国家"体系是现代性世界体系的一个重要特征。只是这样的概念依然有它的局限性，用民族国家的概念和思维去推测中国对于世界热点问题的反馈往往脱离现实，这也是西方恐惧中国崛起的原因。

中国为什么能够实现和平崛起？

中国为什么能实现和平崛起？如前所述，中国能够和平崛起是中国的和平基因决定的。中国崛起的模式为什么能够有别于传统大国崛起的模式？华夏五千年的文明史是中国和式创新的历史。中国"和"文化和中国和式创新引领中国和平崛起。中国拥有世界上独一无二的华夏文明，中国"和"文化与中国和式创新，这些是中国重要的战略资源。中国是世界上最古老的文明国家之一。文明国家和民族国家具有不同的特征。了解文明国家和民族国家所具有的特征有利于我们更好地理解为什么中国崛起的模式不同于传统大国崛起的模式。

中国是东方文明古国、发展中大国、新兴国家。中国的多重身份，特别是东方文明大国的身份，反映出中华民族伟大复兴的大格局和大战略。从中国和式创新诞生的背景中不难看出，中国的发展具有可持续发展的内涵和基因，中国崛起必然是以独特的、创新的、和平方式崛起。同时，中国的多重身份反映出中国梦的多重内涵：东方文明复兴梦，发展中国家的发展梦，新兴大国梦。中国的多重属性，决定了中国梦不只是单纯的中国的国家梦、民族梦、人民梦，也是世界梦、文明梦、创新梦。

有些西方学者认为中国是一个"文明国家"的同时，更多地把华夏数千年的"文明"看作是中国建立现代国家的包袱，这在中国国内也有类似的看法。他们认为中国无法形成西方意义上那种具有现代法律、经济、国防、教育、政治的"民族国家"。我认为，中国百年来的不懈努力，特别是中国在改革开放后的杰出成就，极大地丰富了国家的物质文明和精神文明，今天的中国已经是一个把"民族国家"与"文明国家"两者融为一体的"文明型国家"（civilizational state）。今天的中国首先是一个现代化和富强的国家，而绵延数千年的中华文明特质又使它与众不同，并逐步形成了自己的经济发展模式和社会创新模式——中国和式创新。中国具有独特的政治文化观。中国文化中认为政权的合法性来源于"民心"，即"得民心者得天下，失民心者失天下"，而"民心"并不完全等同于"民意"。中国人讲"民意如流水"，但讲"民心大于天"，也是这个意思。"民心"指的不是一时一刻的"民意"，而是指实现人民的整体和长远利益。这使中国更能够克服今天西方民主制度所带来的民粹主义和短视主义等弊病和危机。在我看来，2008年华尔街金融泡沫破裂引爆经济危机以来，中国与西方采取了不同的应对措施，因而获得不同的效果就是鲜明和不争的佐证。

尽管现代中国的确具有某些民族国家的特性，但它的独特文明根底、悠久历史和文明延续性，让其超越了民族国家，成为一个文明型国家。现代中国不仅是现代国际体系中的一个主权国家，而且还代表了一个与基督教文明、伊斯兰文明相互融合和相互鼎立的中华文明体，拥有着与其他两大文明在某些方面相互共通但又截然不同的文化价值、生活方式、礼法和文明理想。中国人常常提起的"中华文明"或者"华夏文明"，这些自我认同的观念更多的是一种文明教化的概念，一种文明的归属，而不是族群的归属。

中国文化传统亦始有"天下为公"的价值观念，梁漱溟曾说："中国人是富于世界观念的，狭隘的国家主义和民族主义在中国都没有，中国人对于世界向来是一视同仁。"

现代中国之所以是一个文明国家，在于它继承了传统中国世界大同、天下为公、世界主义、止戈为武、协和万邦的遗产。传统中国之特性，以另外一种形态和必然性延续至现代中国。理解现代中国的前提，便是理解传统中国；理解中国和式创新诞生的历史根源，更便于理解中国和平崛起的路径；理解中国的和平崛起，更便于理解中国崛起能够避开修昔底德陷阱，从而避免中美之间的战略误判。

中国是和平、可亲、文明之狮

孔子说"己所不欲，勿施于人"，这是中国传统伦理中的"道德黄金律"，这是中华文明的内在性格，它代表着中国对世界秩序的想象。中华民族是爱好和平的民族。一部中国近代史，就是一部列强侵略奴役中国的血泪史，中国不会忘记历史，因而更加深知和平的珍贵。中国的和平崛起是对"中国威胁论"和"中国崩溃论"的正面回应。中国和平崛起的现实正在破解"崛起大国必然挑战守成大国"的诅咒。中国的发展需要和平，要寻求一个和平的国际环境来进行改革开放和现代化建设，就必须反对霸权主义。中国既不能把自己与霸权主义绑在一起，也不能自己搞霸权主义。在处理国际关系时，要从国家战略利益出发，超越社会制度和意识形态的差异，按照和平共处五项原则，改善和发展与周边国家、西方国家和广大发展中国家的关系。特别要妥善处理好中美关系，处理好了，就等于处理好了一半的国际关系。在对待一些国与国之间的分歧和矛盾上，必须根据不同的情况，采取不同的处理方针，既坚持原则的坚定性，又注意策略的灵活性。有的问题该坚持原则，就针锋相对，寸步不让；有的问题该做出适当让步，则顾全大局，维护和平。

牛津大学著名历史学者彼得·弗兰科潘（Peter Frankopan）在 2015 年出版《丝绸之路：一部全新的世界史》（*The Silk Roads: A New History of the World*）表达了如下观点：两千年来，丝绸之路始终主宰着人类文明的进程。不同种族、不同信仰、不同文化背景的帝王、军队、商人、学者、僧侣、奴隶，往来在这条道路上，创造并传递着财富、智慧、宗教、艺术、战争、疾病和灾难。丝绸之路让中国的丝绸和文明风靡全球；罗马和波斯在路边缔造了各自的帝国；佛教、基督教和伊斯兰教沿着丝绸之路迅速崛起并传遍整个世界；成吉思汗的铁骑一路向西，在带来杀戮的同时促进了东西方文明的交融；大英帝国通过搜刮丝绸之路上的财富，铸就了日不落的辉煌；希特勒为了这条路上的资源，将世界推入了战争和屠杀的深渊。时至今日，丝绸之路上的恐怖主义，依然是美国争霸道路上挥之不去的梦魇。

彼得·弗兰科潘的思路就相当巧妙，他选择了丝绸之路这一多文明间的通道作为切入点，透视人类诸文明的接触与演进。与亨廷顿的出发点不同的是，弗兰科潘避开了以某一文明为中心的偏颇。弗兰科潘在此书最后一章的开篇时写道，"在某种程度上来讲，尽管美国和欧洲试图保持其在东西方霸主地位，20世界末和21世纪伊始，这对于他们来讲是一场灾难。在过去的数十年里，人们留下的一个深刻印象就是，西方缺乏对于世界历史的了解，缺乏全球化的视野，缺乏在世界事务中的更开阔的主题和宏大的格局。"

然而，中国携华夏五千年文明和创新崛起于大规模的国际互动与竞争之中，具有强大的生命力和竞争力，并将深刻地影响世界的未来，引领世界潮流。自从20世纪70年代中美建立外交关系以来，中美两国人民和领导人深入交往，求同存异，构建新型大国关系，力避修昔底德陷阱。"新型大国关系"一词在中美的交往中和中美关系语境中越来越频繁地出现。按照中国的说法，中美新型大国关系的内涵是"不冲突、不对抗、相互尊重、合作共赢"。按照美国的说法，它是对"崛起大国与守成大国必然冲突"这一历史魔咒的打破，是以"新答案"解决"老问题"。由此可见，"文明冲突论"和"中美必有一战"都是站不住脚的伪命题。

中国和平崛起绝不跌入修昔底德陷阱

中国践行和式创新，快速发展，强劲崛起，和平崛起的伟大实践正在力避修昔底德陷阱，破解崛起大国必将挑战守成大国的魔咒。中国不会陷入中等发达国家停滞不前的沼泽，不会走传统大国通过霸权掠夺世界资源的老路。西方大国应抛弃二元对立观，避免在世界制造冲突、隔阂与对抗，而要走和平共荣的道路。西方大国更应反思历史、接纳中国。

"修昔底德陷阱"说法源自古希腊著名历史学家修昔底德的观点。公元前5世纪，雅典的成就和崛起震惊了当时的霸主斯巴达。双方之间的威胁和反威胁引发竞争、冲突和战争。雅典和斯巴达之间长达30年的战争结束后，两方双双衰落。修昔底德总结说，"使得战争无可避免的原因是雅典日益壮大的力量，还有这种力量在斯巴达造成的恐惧"。"修昔底德陷阱"翻译成当代语言就是：一个新崛起的大国必然要挑战守成大国，而守成大国也必然回应这种威胁，这样战争变得不可避免。

然而，中国的崛起不同于传统大国崛起的模式。以往历史上大国崛起几乎无一例外地建立在征服其他弱小国家的基础上。然而，中国和式创新促进中国经济持续、高速、稳固发展，社会稳定和环境可持续发展，实现大国崛起、和平崛起之梦。中国践行和式创新改写大国崛起定义，中国的和平崛起将改写传统上大国崛起的模式，为整个世界提供一种和谐共生的共同发展环境。

从福山的"历史终结论"到亨廷顿的"文明冲突论"都有一个共性，那就是他们的出发点都是立足于西方去观察世界问题，而未能从战略角度，从全人类的角度去观察世界问题，其结论自然是偏颇的，经不起时间的检验。

我的这些论断都是基于中国和式创新理论。这一理论是对中国近 40 年伟大变革现实的理论升华和总结。学术研究与理论推理会排除一些干扰因素，我必须承认预测或解释肯定会与现实是有差别的。然而，我坚信好的理论能够有 85% 的概率，中国践行和式创新可改写大国崛起理论，中国和平崛起能力避修昔底德陷阱，中美之间没有战争。

第八章

中国创新：世界期盼

咬定青山不放松，立根原在破岩中。

千磨万击还坚劲，任尔东西南北风。

（清）郑板桥《竹石》

2017年4月21日下午我应联合国学术影响（United Nation Academic Impact，UNAI）组织主席Ramu Damodaran之邀，就《中国和式创新：引领未来》在联合国纽约总部发表专题演讲。感谢联合国开发计划署（UNDP）战略规划总监Silvia Morimoto高水平的主持。她渊博的知识和生动活泼的主持风格使会场气氛热烈，交流深刻。感谢参会的嘉宾和新泽西理工大学师生的积极参与和互动（本次UNAI国际论坛通过电视向新泽西理工大学师生直播）。会上嘉宾提出的很多尖锐问题，富有挑战性，但对于我来讲，从中国和式创新理论角度，这些问题有深度和高度，有见地、切题、富有针对性。我的这次演讲加上会后的互动持续了近两个小时，但参会者全神贯注，看得出大家对于这次"中国和式创新"国际论坛的期待。

在总结这次论坛时Silvia指出，"中国和式创新以战略管理角度从学术上阐释了中国近40年持续高速发展和中国和平崛起，很有说服力。这一创新理论是对于中国创新模式的高度概括，希望与世界分享，与联合国发展计划署（UNDP）分享，它对于世界的发展有着积极的借鉴意义。创新与可持续发展是联合国开发计划署的永恒主题,是联合国发展计划署的千年发展目标(Millennium Development Goals),可持续发展目标(the Sustainable Development Goals,SDGs)战略主题。真诚地希望分享中国和式创新。"

作者与联合国开发计划署战略规划总监 Silvia Morrimoto

演讲结束后有幸接受美国《久安世界和平电视(Peaceever TV)》(简称《久安电视》)的专访。《久安电视》全程录制了这次演讲，保留了很好的资料。我不胜感激！《久安电视》高度赞赏中国和式创新从理论上阐释中国和平崛起，破解崛起大国必然挑战守成大国的魔咒，正面回应"文明冲突论"。《久安电视》期盼与世界分享中国和式创新，与世界分享创新机遇。

【本章概要】

　　本章的内容在很大程度上属于中国和式创新理论的实际贡献的部分（Practical contribution），同时也向读者呈现中国和式创新理论的内部有效性和外部有效性（Internal validity and External validity）。在过去的近两年时间里，就中国和式创新理论我大约在美国和英国共做过10次演讲，包括在纽约联合国总部的演讲。就这一问题，我与很多人，包括学者、学生和政治家进行了交流。确实有很多有趣的故事，但鉴于篇幅我在本章只讲述两个故事。一个有关中国和式创新理论的美国"粉丝"，另一个有关中国和式创新理论的英国"知己"。本章首先讲述的是我从英国普利茅斯到美国普利茅斯的故事，中国和式创新理论在联合国、美国和英国的反馈。接着，本章向读者阐释在中国和式创新理论面世的同时，国内外学术界对于中国创新研究的突破，介绍技术转移之上的创新理论，回答中国奇迹为什么可以延续。再者，本章向企业家说明中国和式创新一开始是在研究中国企业竞争力时提出的。毋庸置疑这一理论对于中国企业可持续发展的价值，特别向企业家进言中国企业如何打造新的闪亮的坐标。最后本章详述联合国大会确认的世界创新日实际上是对于中国"大众创新，万众创业"的认可。故本章的题目为：中国创新：世界期盼。

【思考题】

- 如何理解中国和式创新在美国和英国的影响？
- 中国企业如何打造新的坐标？
- 为什么说中国创新是世界期盼？

从英国普利茅斯到美国普利茅斯

离开纽约后我和儿子阿雷克斯（Alex）来到位于新罕布什尔州的普利茅斯小城。著名的普利茅斯州立大学就在这座小城。我在学校以《从英国普利茅斯到美国普利茅斯，再到中国的丝路倡议》为主题发表演讲，获得很多掌声。实际上，我讲述的是从英国的崛起，到美国的崛起，再到中国的崛起，世界的发展与变革。与此同时，我讲述的是中国的创新故事，中国发展的故事，中国和平崛起的故事。全球化的兴起曾使英国和美国获得了真正的实惠。然而，当今世界，时过境迁，东西方角色转换，为什么在全球化诞生的故乡会掀起反对全球化的浪潮？

第二次世界大战后，美国在1620年"五月花号"驶向北美洲的300年后崛起为世界上最强大的超级大国。美国的崛起与五月花号有着密切的联系。这从美国人民对于五月花号的出发地——英国普利茅斯这个城市的爱戴和崇敬就可以看出来。据美国人口普查统计，在美国有30多个城市、城镇和村庄叫作普利茅斯。其中位于明尼苏达州的普利茅斯是美国最大的自治市，人口约74 000人。最小的普利茅斯是北达科他州的只有46个居民的乡镇。在威斯康星州，有4个普利茅斯——3个城镇和1个城市。在俄亥俄州，有3个普利茅斯。在密歇根州，有2个普利茅斯。2017年4月22～28日我带8岁的儿子阿雷克斯来普利茅斯访问在宾州大学的老同事唐纳德·博克斯博士（Dr. Donald Birx）一家。而且我们就住在他的家里。而我们这一周所居住的位于新罕布什尔州的普利茅斯小城还拥有著名的普利茅斯州立大学——它被称为"位于著名历史小城的国际著名大学"。唐纳德是这所大学的校长。

唐纳德是我在宾州大学的同事，2013年7月份的一天，我们在一周紧张的中国内地访问行程后来到香港。在返回美国前，我们有半天的时间。如何度过这半天的时间？我们决定徒步走上香港的中环。

这对我们两个来说都是第一次。路上少不了要问路——这是常事。香港是一个多元社会，有来自东西方的游客。一开始问路，人们建议我们乘的士或汽车，但我们坚持要走路。路上人很多，我们又问路，有的人告知我们向左边走，走一段后我们发现失迷了方向，再继续问，有的人告知我们向右走。如果继续问路，我们可能会得到相同的答复，那就永远到不了中环。

后来我们决定不再问了，我们朝着向上的方向走，一边走，一边聊，最后终于到达了中环。站在中环的观景台上，鸟瞰香港，东方之珠美丽动人，五彩缤纷，令人心旷神怡。

我们注视着对方，会心地笑了。

李华博士与唐纳德·博克斯博士 2013 年访问香港理工大学

如前所述，2012 年新年伊始，我们一家在美丽的海滨城市英国普利茅斯生活了两年时间。我们住在一座二战期间的战地医院改造成的公寓楼房里。我家的对面住的是普利茅斯前任老市长的遗孀。她已经 80 多岁了，有着丰富的阅历和对西方社会的了解和洞察。她的邻居也都是一些老者，大部分都是二战期间的护士。每年的圣诞节我们都会一起度过。我们一起谈东西方历史，谈文化，谈哲学，谈莎士比亚，有很多聊不完的话题。我们对于东西方社会面临的问题和挑战有很好的交流。她表示，在中国可能会有很多人抱怨生态环境的污染，渴望蓝天和新鲜空气，但在西方人们更多地渴望政府能够摒弃党派之争，将更多时间和精力倾注于发展经济和创造就业，降低失业率。这位很有见识的英国老太太说道："蓝天和新鲜空气是不能拿来当饭吃的"。

在美国访问期间，我在美国的普利茅斯唐纳德校长家里也谈论过类似的话题。唐纳德一家对我提出的中国和式创新理论阐释中国的和平崛起甚为赞许。我在访问的一周里有很多的会议和演讲，有时真的无暇顾及儿子的饮食。他倒成了唐纳德校长的"好伙伴"，一起游泳，一起登山，一起吃饭，一起遛狗（walking dog）。生活其乐融融，一周时间眨眼过去了。但其间也有纠结的时候。他们家有 5 口人，谈到刚刚过去不久的美国大选，他们面露愁容。面对美国经济复苏乏力，精英政治家不作为，不知把票投给谁。结果 2 人弃权，3 人分别把票投给了不同的候选人。

中国和式创新理论的"美国粉丝"

这一周我在普利茅斯州立大学就《中国和式创新：引领未来》发表了大大小小 5 次演讲，接触了学校的校长、副校长、院长、教授、博士生、研究生和本科生，就中国和美国——一个崛起的大国和一个守成大国所面临的挑战、机遇和创新进行了战略对比和分析。我感觉我和他们有非常深刻的分享和交流，收获满满，受益匪浅。但让我最感到震撼的，给我留下最深刻印象的是一位叫作 Raegan Young 的美国女孩。她是学习环境科学（Environmental science）的大四的学生，她两次倾听我的《中国和式创新：引领未来》的演讲。我注意到每次她都非常投入。她发表了有见地的评论，表示非常赞赏和理解中国和式创新及其创新理论的四大支柱。她说美国社会和政治的严重撕裂，美国两党的尖锐对立，特朗普总统的支持者和反对者的激烈冲突急需"和式创新"理念，学会做到拥抱矛盾，与时俱进，求同存异，和谐包容。我鼓励她以后竞选美国总统，改变现状。她说，"我弟弟总是说，自己要成为美国总统，我觉得他会成为我的竞选经理人（My brother always says he will become the American President. However, I believe that he will be my campaign manager）。"她和我一起拍照留念。我真诚地预祝她成为美国未来的女总统。

中国和式创新理论的"英国知己"

由于参与国际论坛的缘故，在过去的6个月里，我已有4次与司马仲尼（Jonathan Smith）就中国和式创新理论进行深度交流。一次是在2017年2月8日伯恩茅斯大学中国创新中心的"中国创新"论坛上。那天，我应邀就《中国和式创新：引领未来》发表主旨演讲。第二次是在2017年6月25日布里斯托尔（Bristol）的"中国香港与一带一路"国际论坛上。非常感谢司马的邀请，我们还一起共进午宴。而另外两次"见面"是通过微信可视电话。

司马仲尼是英国国际贸易部西南部商业市场专家。作为中国市场专家，他负责来自英国西南的40家中小企业的市场准入战略，协助他们进行规划，研究，市场参观，谈判和售后支持。于2011—2015年，他曾在中国北京商业理事会担任中国商业顾问，并在北京的战略咨询公司工作。他拥有北京大学国际关系硕士学位，布里斯托大学哲学学士学位，能讲一口流利的中文。

作者与司马仲尼在布里斯托尔

我们的交流大多数情况下都用英语进行，偶尔也讲中文。司马仲尼不仅操一口流利的普通话，而且能阅读中文。他通读了我在《企业管理》杂志发表的《中国和式创新：引领未来》和在《瞭望中国》上发表的《中国和式创新与中国和平崛起》。以下是我们 6 月 27 日的对话：

李华：司马，您好！非常感谢你对于中国和式创新理论的极大兴趣和你今天的时间！我们可以就这一话题进一步交谈。就英国而言，在过去的近两年里，我曾经就中国和式创新理论在牛津、剑桥、南安普顿和伯恩茅斯发表演讲，曾与很多英国朋友和同事就这一主题进行深入交谈。然而，要说交流得最深入的就非你莫属了。你可以称得上是中国和式创新理论的"英国知己"啦！

司马仲尼：谢谢您！我对于中国和式创新理论有着浓厚的兴

趣。我认为它不仅仅是中国的创新理论，而且它对于中国以外的世界具有重要借鉴意义，比如，对于英国的政治和企业发展。在谈论这些之前，我想先请教两个问题。很明显，中国和式创新与中国和平崛起有着密切关系，中国和式创新旨在阐释中国和平崛起的路径。事实上，中国已经崛起，已经成为世界第二大经济体。中国如何确保在其成为世界第一大经济体时——也就是世界霸主时仍然奉行和平崛起，走和平发展的道路？这是我的第一个问题。

李华：我想从三个方面回答你的问题。第一，中国和平崛起是中国的和平基因决定的。中国"和"文化是中华文明的主流文化。中国儒家和道家哲学的精髓就是和平、和谐、和睦。

第二，中国和平崛起是中国的政治和战略选择。中国走和平发展的道路，和平崛起符合中国的国情。中国和平崛起取决于当代国际国内政治走向。当代中国的政治走向，是以"科学发展""和谐发展""和平发展"这些文明元素构成的文明中国的政治走向。经济全球化在很大程度上成全了中国的和平崛起。

第三，正像你指出的那样，中国和式创新阐释中国和平崛起的路径。中国在过去 40 年已经走出和平发展道路，没有理由也没有可能在未来要走别的路。和平发展与和平崛起是世界发展的趋势，是 21 世纪人类发展的走向。

司马仲尼：中国走和平崛起的道路似乎是在中国可以掌控的

世界大格局下进行的。那么，如果在中国不能掌控的情况下，情况会是怎样的？这是第二个问题。

李华：这一问题在 40 年前可能是一个棘手的问题。但 40 年前中国创造了自己的战略机遇期，开启了中国的改革开放，选择了和平发展的道路，和平崛起。确切地讲，在过去的 40 年里在很大程度上世界并不在中国的掌控之中。

但今天的世界已经发生巨大的变化，更确切地讲东西方的角色正发生转换。中国已走向世界舞台的中央。中国从全球化的参与者成为捍卫者和引领者。在很大程度上来讲，中国在全球治理方面有更大的发言权。用你的话来讲，今天拥有更大的掌控权。那么，直接回答你的问题：中国会继续走和平发展的道路，和平崛起。

我的将要出版的新书在很大程度上都在阐释你提出的问题，其第三章和第四章更直接回答你的问题。新书面世后，我会在第一时间送给你。

司马仲尼：非常感谢！

中国和式创新与英国政治

李华：现在回到一开始谈起的中国和式创新问题。我注意到，2016 年脱欧公投后，英国社会出现了撕裂的现象，很多民众有抵触情绪，很多政治家，包括前首相托尼·布莱尔、约翰·梅杰和戈登·布朗都发表谈话，指出领导脱欧的政治家置英国的未来于不顾，呼吁民众改变主意。

最近的英国大选，从特雷莎·梅首相宣布提前大选时的踌躇满志到梅首相的失望至极看得出：英国民众在改变主意。最近的恐怖事件又接二连三地发生。在一个社会撕裂、政治对立的国家谈论建立强大的经济和创造更多的就业机会均显得苍白无力。

司马仲尼：说得有道理。英国的政治家应借鉴中国和式创新，拥抱矛盾，求同存异，和谐包容。我想分享三点。第一，西方的政治家与中国的政治家有很大的不同。中国政治家都读了很多书，了解历史、哲学、文化，有理论又有实践经验。西方的政治家就不一样，他们更关注本国发生的事情和党派利益，对于世界缺乏一个整体的战略分析。

第二，拥抱矛盾似乎是中国人的哲学思维，在西方人的思维和意识形态中（mentality and ideology）很难做到。特别是老一代的政治家就更难了。他们对于共产主义有成见，总认为中国是一个共产党领导的社会主义国家，不了解中国是正在融合资本主义和社会主义二者的优势，市场经济和计划经济的优势。中国从"模仿"到"创新"，获得巨大成功，举世瞩目。尽管如此，但就像中国不会走西方的道路一样，英国也不会模仿中国的道路。但英国可以借鉴中国的创新模式。你可能注意到，梅首相近日与北爱尔兰"民主统一党"党主席福斯特达成"信任与供给"（Confidence and Supply）协议。双方在首相官邸签署了合作协议，两党合作，将帮助保守党维持执政局面。这可以称作英国的"拥抱矛盾"案例。

第三，我个人认为，脱欧将会为英国及其欧洲贸易伙伴带来很多挑战。英欧的谈判会持续一个过程。英中合作没有障碍，现在还是英中合作的黄金时代，大好时机。英中两国都有着悠久的历史和文化，都拥有伟大的哲学家和历史学家，两国的经济、文化、技术、创新有很强的互补性。我的工作就是促进英国西南部企业的国际合作。让我们一起通过和式创新促进英中的战略合作。

李华：非常棒！让我们一起努力！

中国创新研究：时代的潮头浪尖

最近几年来"中国创新"可谓是国际上业界和学术界的热词和高频词。放眼全球，特别是在西方，确有与世界发展潮流不协调的反对自由贸易、反对经济全球化的浪潮，然而，世界各国关于新一轮创新浪潮的探索从未停止。后发国家创新理论和实践证明，处于显著弱势地位的本土产业很难与实力雄厚的跨国公司竞争。后发国家，特别是后发大国在高度开放的条件下很难追赶成功。毫无疑问，中国是一个例外。创新已成为经济社会发展的主要驱动力，创新能力已成为国家竞争力的核心要素，各国纷纷将实现创新驱动发展作为战略选择，并将之列为国家发展战略。中国的传统产业升级、城市化、生态文明建设等，特别是工业化、信息化、城镇化和农业现代化的"并联"实施，为中国的技术创新提供了强大需求。中国自2006年提出自主创新的伟大战略，以此掀起了技术创新的发展热潮。

可喜可贺的是，在中国和式创新理论面世的同时，有关中国创新的研究也获得长足的发展。

谈及中国创新模式，清华大学陈劲教授表示中国式创新有两大特点。一是走群众路线，利用大众创新的机制，拓展创新边界。这主要是由于中国在改革初期并不具备西方式创新的技术基础，因此走了一条着力调动巨大人力资源优势的道路，鼓励每个人利用自己的智慧创新，鼓励各种形式的创新。也正因为如此，中国走在了世界前列。中国式创新的另一特点是发挥国有企业的引领作用。近年来，中国注重挖掘国有大中型企业的资源优势，利用其市场地位发挥它们在创新方面的带头作用，特别是在政府主导的基础设施领域的工程科技创新方面表现不俗。中国目前在航天、高铁、核电、电网、桥梁等领域都取得了令世界瞩目的创新成果。

浙江大学管理学院吴晓波院长将中国式创新主要定义为"二次创新"，就是在引进技术已有创新的基础上，结合发展中国家市场的需求特点以及供给要素条件进行的改进性创新。"这种创新通常在发达国家的专家眼里不认为是创新，但中国崛起的事实证明了这是非常有效的创新模式，这其中的'中国经验'才是真正可以被其他发展中国家所学习的。"

中国式创新也在随着中国发展阶段不断升级而变化。中国经济从原来的"野蛮生长"到现在进入"新常态"，面临着经济动能的转换。过去的"二次创新"是追赶、学习过程中的创新，而

"新常态"下的创新则需要具有更高科技含量的原创性创新。"二次创新"相比原始创新最大的特点是它有很强大的包容性,它并不是颠覆式破坏性的,而是建设性低门槛的。这在构建创新、活力、联动、包容的世界经济新格局中是很重要、很宝贵的一个经验。

兰州大学哲学社会学院焦若水博士认为,国家禀赋不同,创新的路径也就不尽相同。在全球化时代,美国充分利用高新技术研发优势,在全世界范围内拥有较高的话语主导权,并通过知识产权体系奠定了其在全球创新体系中的霸主地位。而日本则通过精细化制造,推动高技术产业和高端装备制造业的可持续发展,实现了创新技术和生产过程的双领先优势。反观中国,早期沿海地区的中小企业直接购买先进技术及产品进行模仿学习,然后凭借庞大的国内消费市场迅速形成自己主导的标准并实现模块化。可以说,中国是将美国和日本的创新路径结合了起来,而发达国家所不具备的人口优势,又成为中国制造迅猛崛起并走向世界的坚强后盾。综观国内的成功企业,其共同点都是背靠庞大的中国市场,以此为基础实现全体系创新,这一模式不但获得了良好的市场回报,而且推动了行业体系和全球市场的转变。

牛津大学技术管理与发展中心主任傅晓岚教授指出,中国的创新与追赶模式,既难以用目前基于"日韩经验"总结的理论来解释,也不属于"华盛顿共识"下所崇尚的框架体系。实际上,中国所走的开放创新道路,本质上是给"东亚模式"一个更贴近历史真实的客观解释，但与此同时，中国的道路又和已有的"东亚模式"有所不同。作为一个发展中大国，中国拥有一个巨大、多样的国内市场，有不同层级的消费群体——这恰恰是日韩等许多东亚国家所不具备的。得益于"大市场"这样一个大国资源禀赋，不仅降低了不同类型创新者的市场进入门槛，也能够让大量的创新企业根植于国内市场获取创新回报，加速形成规模化的创新能力，并最终走向国际市场、参与国际竞争。

很欣慰这些学者从不同角度阐释了中国的创新模式。尽管有不同的解读，但有一点是一致的：中国已从一个后发的追赶大国变成创新大国。

技术转移之上的创新（Technology transferred based innovation）

"技术转移之上的创新"是 2014 年我在由英国著名出版社 Palgrave Macmillan 以英文出版的《中国企业竞争力：东西相逢》（*Competitiveness of Chinese Firms: West Meets East*）书中通过研究中国的高铁案例后提出的。

《中国企业竞争力：东西相逢》致力于从战略管理的角度，为重要和紧迫的问题提供答案，包括如何定义 21 世纪的国家/企业竞争力，中国如何能够在短时间内成为强国，中国企业如何能够在短时间内挤进世界顶尖企业的行列等问题。该书旨在通过对吉利、联想、海尔、华为和 TCL 等重要中国企业进行 30 多年的观察和研究，探索和回答这些问题。特别是该书着眼于软实力的构建，中国创新模式的探索，技术和创新的战略管理如何实现竞争优势，重点关注领导力，愿景和使命，创新战略，知识创造，技术战略和创业精神等无形资源的深入分析。

谈到"技术转移之上的创新"，不得不提起中国高铁的案例，中国高铁的强劲崛起。中国高铁建设的成就有目共睹。中国只用了不到 10 年的时间就建设运营了 1.9 万千米高速铁路，超过世界其他国家高铁运营里程的总和，成就举世瞩目。目前，中国高铁已经完全拥有自主的知识产权和核心技术，掌握了集设计、施工、装备、制造、列车控制、系统集成、运营管理于一体的高速铁路承载技术。在这个快速变革的时代，中国制造业既要埋头拉车，又要抬头看路。这无疑是中国和式创新的精髓"拥抱矛盾"理念的深刻体现。"模仿创新"与"自主创新"并不是对立的命题。从 19 世纪的美国、日本，到 20 世纪的苏俄，这些后发大国崛起的过程中，都曾大规模地引进先进国家的技术，通过技术追赶、技术转移、技术跨越和技术创新后来居上，成为行业引领者，取得了跨越式发展。中国高铁从"追赶者"到"引领者"的华丽转身，成就惊艳世界，它充分体现了"技术转移之上的创新"的魅力。

自 2005 年以来，中国抓住战略机遇期，成为世界公认的高铁大国。中国实施了强大的周密策划的创新战略（well-crafted innovation strategy）。通过"引进先进技术，长期的积累和研发，联合设计生产"建立了自己的品牌。值得注意的是，中国的 HSR 系统发展令人印象深刻。中国 2010 年 12 月在第七届世界高铁会议上向世界宣布，中国已经是世界先进的高铁系统国家，中国拥有 HSR 最先进的技术，综合体系，最长运行里程，最高速度，最大规模的 HSR 建设。自 1992 年以来，国际铁路联盟（UIC）发起了世界高铁会议。不过事实上，所有的大型会议都在欧洲举行，甚至日本作为建立新干线的公认的高铁国家也没有赢得东道国的地位。然而，2010 年底，第七届世界高铁会议并未在欧洲而在北京举行，这标志着国际铁路行业对中国高铁成就的认可。

自从日本在 1964 年首次开通高速列车后，经过近 50 年的发展，世界高速列车技术进展顺利，以日系新干线 N700 系列、法国 TGV 和德国 ICE 为代表。高速列车运行速度从原来的 210 千米/小时增加到 320 千米/小时，其中日本新干线、法国 TGV 和德国 ICE 的运行速度为 300 千米/小时、320 千米/小时和 300 千米/小时。实施高铁技术发展的强劲战略，中国引进和转移了 200 千米级高速动车组技术的国外技术，通过吸收消化，中国在技术创新上寻求技术突破，大大提高了运行速度。在这个过程中，通过"二次创新"打破了高铁的世界纪录。就高速动车组而言，每升级 30 千米的速度将意味着技术飞跃。

技术转让之上的创新包括三个战略步骤。首先，企业需要确定要转移的技术必须是最先进的技术；其次，企业需要确保先进技术的技术转移成功；第三，企业需要把握核心技术，吸收和消化技术，寻求技术突破和重新创新/二次创新。在这方面，关键点是确定要购买/转移的技术必须是最先进的技术，而不是过时的。

如前所述，中国和式创新有两个层次。第一个层次是指哲学和理念上的创新，它作为顶层设计的指南，引领社会和政治的可持续发展。第二个层次是技术和管理上的创新，它促使中国脱贫致富，促使经济和环境的可持续发展，帮助打造坚实的经济和环境基础。在技术和管理领域，它紧扣现代中国发展的主题和旋律，把握"自主创新"和"模仿创新"的适宜性和有效性。毋庸置疑，在新中国诞生后的第一个30年，自主创新占有主导地位。随着顶层设计的调整，发展战略和宏观政策的改变，近40年的对外开放，外资、外企和外商的进入，模仿创新不仅占有重要比重，而且是事半功倍。然而，中国和式创新理念保持了"自主创新"和"模仿创新"的平衡和协调。把握两者的辩证关系，适宜性和有效性，至关重要。

鉴于篇幅，就技术战略，包括技术追赶、技术转移、技术跨越和技术创新，在此不展开讨论。

中国经济奇迹为何可以延续？

就像本书开始提到的，今天人口红利已不在，工资上升，成本加大，经济放缓，社会矛盾日益加重，国际形势也变得日益复杂。中国经济如何软着陆？中国经济可否可持续发展？

著名经济学家李稻葵教授在其《重启：新改革时代的中国与

世界》一书中首先肯定：中国奇迹完全能够延续。他列举了中国奇迹能够持续的理由：

第一，中国经济的增长潜力仍然十分巨大。中国经济的人均GDP按当前市场汇率计算仅仅为美国这一标杆经济的18%，按照购买力评价也仅仅为美国的30%～40%。历史的经验告诉人们，对于一个大国经济而言，当它的市场经济机制已经深入人心，当它的国民储蓄高达GDP的50%，而大量的内地、腹地并没有像沿海地区一样进入中等发展水平时，其发展潜力仍然是巨大的。第二，中国奇迹可以延续是基于社会民众持续推动改革的热情。当一个社会的基本制度不能持续变革的时候，其社会进步就会停顿，经济发展也将放缓，日本过去20年衰退的本质就在此。但中国民众期盼进一步的改革，深化改革，一系列的改革，不仅仅局限在经济方面。第三，执政党多年来积累的历史经验，实事求是，与时俱进，不能教条主义，不能照搬别人的模式。中国的发展和建设的历史昭示着不断打破教条主义，与时俱进和实事求是的执政党恰恰是最能把握改革与发展精髓的执政党。

中国企业如何打造新的坐标？

大哲学家黑格尔说过：中国有最完备的国史，但他认为中国古代没有真正意义上的哲学，还处在哲学史前状态。这么了不起的大哲学家竟然做出如此大失水准的评论，何其不幸。事实上，西方管理学者也未能预见中国企业的卓越表现。20年前，西方管理学者断言：尽管中国企业雄心勃勃，但在本世纪难于加入跨国企业行列。事实上中国企业不仅加入了跨国企业行列，而且有的成为国际上知名品牌和全球公司。

中国企业成功的案例证明：追随者不仅可以追赶先驱者，而且可以通过中国和式创新，实现技术转移、技术跨越和技术创新，从而超越先驱者。一个小渔村仅仅在30年之内如何变成上千万人口的现代化的国际大都市？一些企业，诸如联想、海尔、TCL和华为在如此短暂的时间内如何成为国际知名品牌？联想和吉利并购的成功不仅仅是公司经营的成功，更是企业拥抱矛盾，求同存异，"和"式创新管理的成功。联想与外籍员工一道成功地吸收和消化了IBM原有的先进的管理经验和技术，并在此基础上使得自己的技术创新能力有了极大的提升，从而使企业成为一个世界著名的技术导向型企业。吉利面对中国汽车行业过去以"市场换技术"的被动局面完全走出了自己的发展道路。观察家指出：这些骄人的成就只有在中国才能实现。中国和式创新也为中国的崛起和中国企业的成功做了很好的注解。

30多年来，随着中国的崛起，中国企业出现许多"走出去，海外抄底"的先行者。特别是在2016年6月英国公投"脱欧"后，在欧洲正进入"井喷"的阶段。由于国家战略的带动，中国企业具有新的产业优势。企业的品牌方阵和信誉优势也正在形成。然而，就跨国公司的发展理论而言，中国公司在国内获得的成功和经验不意味着可以照搬到国外。换一句话说，在国内成功的企业并不一定在国际市场上也能获得成功。成为全球市场上的竞争者必须具有全球化思维和全球竞争力。"具有全球竞争力"不仅要看企业发展规模，更重要的是要有全球意识、国际思维和战略思维能力的企业领袖和经营团队，拥有自己的核心技术和创新能力，拥有全球认同的品牌和信誉，具备重组和整合全球资源的能力。30多年来，中国不仅是抱着"跨国公司和全球公司拥有先进的理念和管理经验"这一宗旨引进跨国公司和全球公司的，而且是抱着这一宗旨加强与跨国公司和全球公司合作的。这一坚持毫无疑问是正确的。然而30多年后，越来越多的中国公司在走向世界，收购不同的企业和技术。在很多国家和企业看来，中国公司正在成为名副其实的跨国公司和全球公司。我认为，中国企业要拥有与企业的社会责任相匹配的综观全局和高瞻远瞩的企业发展战略至关重要。作为企业发展战略，中国在积极推进大企业集团向全球公司转型的同时，应着重研究和探讨下述问题：

第一，中国公司的先进理念是什么？中国公司自身的价值体系是什么？中国和式创新理论阐释中国崛起的路径，毫无疑问，它也在企业层面解读中国企业的发展和壮大。王利平教授把"中国企业管理模式"概括为"中魂西治"：中为实，西为形，中西混打，中西融合。在阐述中国企业获得成功的因素时，陆亚东教授和孙金云教授提出中国企业制胜的"合理论"。"合理论"体现的是中国传统文化中"和则成体，合则聚势"的哲学思想。我认为，这些实为中国企业价值体系提供了很好的框架，并与中国和式创新理论一起形成中国公司的理念。

第二，中国跨国公司的理论是什么？在战略和理论层面，结合中国崛起的理论和实际，创建新的跨国公司理论。跨国公司要能与时俱进，求同存异，适应日新月异的技术和创新，顺应社会的不断发展变化。创新跨国公司理论在中国公司参与环球治理中至关重要。从传统意义上讲，跨国公司是西方大国侵略和整合世界资源的经济工具。但中国的崛起与西方大国的崛起不同。因此，在创建新的跨国公司理论时，要保持与中国崛起的理论和实践的统一性。中国公司应借助"一带一路"倡议，利用对外投资，把握企业微观目标和国家宏观目标的有机结合，推动驻在国经济转型和经济发展，与驻在国形成利益共同体。

第三，中国企业领袖的素质。中国企业家和高管团队要有全球化视野，国际化眼光，通晓国际化和跨文化；通晓复杂环境中的战略定位、战略选择和战略实施；具有整合全球资源的能力，成为全球产业链和价值链的组织者。

2017年4月21日：不平凡的日子

2017年4月21日对于我的人生来讲是一个不平凡的日子。当天下午我应联合国学术影响主席 Ramu Damodaran 之邀，就《中国和式创新：引领未来》在联合国纽约总部发表专题演讲。演讲结束后有幸接受美国《久安世界和平电视》的专访。我对于这次采访感受颇深。我和《久安世界和平电视》共享创新愿景，促进世界和平。

论坛上专家和嘉宾提出的很多尖锐问题，富有挑战性，但对于中国和式创新理论的提出者来讲，我认为这些问题独到、切题，富有针对性。归纳如下：

中国和式创新与中国和平崛起的关系是什么？

中国和式创新能否从学术上解读中国近 40 年来崛起的路径？

中国和平崛起可否避免修昔底德陷阱？破解历史魔咒？

如何用中国和式创新理论解读"历史终结论"？如果没有终结，未来的模式如何？世界未来的发展趋势是什么？

不仅如此，4 月 21 日在世界发展的进程中必定创造历史。中国创新，世界期盼。

2017 年 4 月 27 日第 71 届联合国大会协商一致通过关于纪念"世界创新日"的第 284 号决议，确认 4 月 21 日为"世界创新日"，确认创新对于每个国家发挥经济潜力至关重要，呼吁各国支持大众创业、万众创新，认为这将为各国实现经济增长、创造就业凝聚新动力，为包括妇女和青年在内的所有人创造新机遇。

联大决议通过后，中国常驻联合国代表刘结一大使向媒体表示，中国政府深入贯彻"创新、协调、绿色、开放、共享"五大发展理念，将创新摆在国家发展全局核心位置，持续推进"大众创业、万众创新"，积极落实 2030 年可持续发展议程。刘结一提到，第 71 届联大一致通过第 284 号决议，确认创新对推动各国经济发展至关重要，呼吁各国支持"大众创业、万众创新"，这表明，中国的创新理念为国际社会实现经济增长和创造就业贡献了解决方案，得到国际社会普遍赞同。中国"大众创业、万众创新"的理念有助于全面推进联合国2030年可持续发展议程，共创人类更加美好的未来。毫无疑问，这是我选择"中国创新：世界期盼"作为本章题目的原因。

很多朋友发信息来向我表示祝贺，我解释联大确定4月21日为世界创新日与我在纽约联合国总部发表《中国和式创新：引领未来》是一个巧合。然而，中国20世纪70年代末开启的社会创新——我称之为中国和式创新，在不到40年时间里使中国走向富强，中国创造了无数世界第一。中国不仅拥有了世界上最高时速的高铁，中国也成为高铁里程最长的国家，中国在2010年超越日本后也成为仅次于美国的第二大经济体。中国和式创新引领未来，这不是一种巧合，而是一种必然。

2008年以来，华尔街金融泡沫的破裂波及整个世界，全世界都在寻求社会政治经济和环境可持续发展的良方。西方国家，社会撕裂现象加深，政治抗争矛盾激化，经济复苏持续乏力，当前，世界经济仍处于风雨飘摇之中。中国在社会、政治、经济和环境可持续发展的经验无疑为虚弱的世界经济复苏提供宝贵的经验和注入强心剂。中国经济成为世界经济的火车头，中国创新成为世界创新的发动机。中国创新引起世界关注和青睐也是必然。中国和式创新注定引领世界潮流，引领未来。

第九章

东西方管理思想和智慧的融合

学而不思则罔,思而不学则殆。

(春秋)孔子《论语·为政》

基于30年对于东西方政治经济和技术变革的观察，20年对于中国国际技术转移，中国技术战略和创新战略，中国竞争力和中国可持续发展，中国崛起的硬实力和软实力研究，我于2014年出版学术专著《中国企业竞争力：东西相逢》(Competitiveness of Chinese Firms：West Meets East)（英文）阐释中国创新模式。在连续用英文著书、发表论文近20年后，2016年我在《清华管理评论》撰文提出中国和式创新学说，在《企业管理》杂志发表特稿《中国和式创新：引领未来》，系统阐述中国和式创新理论，在《瞭望中国》（香港）发表封面文章《中国携华夏五千年文明和创新重返世界之巅》《中国和式创新与和平崛起》。在《联合国纪事》(UN Chronicle)英文发表《中国和式创新引领未来》(China's Embracing Innovation Leads to the Future)，从战略和创新管理视角，破解中国经济持续、高速、稳固发展之谜，剖析中国可持续发展之根源，解读中国创新模式，阐释中国和平崛起。

与此同时，我相继就中国和式创新与和平崛起在清华大学、北京大学、上海交通大学、中国人民大学；英国牛津大学、剑桥大学；美国普利茅斯州立大学，纽约联合国总部；卡塔尔大学和卡塔尔基金会发表演讲，引发热议。我于 2017 年 4 月接受了位于纽约的《久安世界和平电视》就《中国和式创新与和平崛起》所做的专访。

在这些演讲的过程中，我很高兴听到许多对于中国和式创新理论的赞扬、支持和正面评价，同时也很感激那些对于中国和式创新理论提出质疑和挑战的同行、学者和听众。例如：

您是如何提出中国和式创新理论的？

您是如何构建中国和式创新理论的？

您是如何发现中国古典哲学与西方现代创新的内在联系的？

哲学与创新的关系如何？

为什么"和"式创新在中国诞生？

我在阐述中国和式创新的诞生时，有如下的文字：中国和式创新远思古时哲学智慧精髓，近贴现代中国社会发展脉搏中，油然而生。

在很大程度上，本书是一本学术研究论著。任何理论的提出都需要提供理论依据和事实依据，而本书向读者呈现的中国和式创新理论架构是基于我的实证研究（empirical research）和案例研究（case study）提出的。我在2014年出版的《中国企业竞争力：东西相逢》中详细介绍了中国的5个经典案例，包括吉利、海尔、华为、TCL和联想。中国和式创新的精髓：拥抱矛盾，与时俱进，求同存异，和谐包容，在这些领先企业身上有着充分的体现。换一句话说，中国和式创新的精髓是对于中国领先企业成功经验与核心竞争力的高度概括，也是对于中国核心竞争力与可持续发展的高度概括和理论升华；中国高铁的案例佐证了技术转移之上的创新理论；中国近40年的伟大变革和实践创新更深刻地体现了中国和式创新的理念。

【本章概要】

任何理论的提出都需要严谨的逻辑与考证。读者有资格、有权利提出无数的为什么（why）和理论的提出者是如何提出的（how）。而理论的提出者有义务回答why和how。那么，本章呈现给读者的内容权且作为研究方法论的一个交代吧。首先，它呈现的是我提出中国和式创新理论的研究方法和策略；其次，它呈现的是我在战略管理和创新管理领域研究方面特别是这两个领域所做出的努力；最后，它呈现的是我的思想和理念的演变过程。

【思考题】

- 如何理解战略管理与笔者提出中国和式创新理论的内在联系？
- 如何理解中国在成为世界第二大经济体后仍需融合东西方管理思想与智慧的重要性？
- 为什么说中国企业竞争力源于技术和创新的战略管理？

中国和式创新理论的提出

我近日偶遇30年前的好友李朋德博士。他对于中国和式创新理论表示了极大的兴趣。我们在这一领域的交流和探讨非常深刻。中国早期形成的严谨的政治哲学体系和中央集权制度促使中华文明生生不息，延绵数千年。可喜的是2017年年初，中国政府印发《关于实施中华优秀传统文化传承发展工程的意见》，这是全面传承中华文化的时代强音。

李朋德博士同时也向我提出一个问题：20年前您辞去一家跨国公司的董事长和总经理职务，您做的博士研究论文是有关中国国际技术转移的，后来您又辞去中国首家中美合作大学校长的职务，今天您是如何提出中国和式创新理论的？它的立足点是什么？

对于所有这些问题，这里难以详细一一解答，但我可以概括起来作答。我首先要说的是：我非常幸运做过企业的董事长和大学校长。这两份管理实践的工作对于提出创新理论十分重要。当你在位置上的时候，你会解决很多问题，接受很多挑战，有些棘手的问题甚至挑战极限，你需要及时处理，拿出你认为在当时情况下最理想的解决方案，事实上，你没有大块时间进行深度思考。但你离开位置后，站在战略管理的高度，去审视过去工作中遭遇的挑战极限，确有"一览众山小"的感觉。"横看成岭侧成峰，远近高低各不同。不识庐山真面目，只缘身在此山中。"

仅仅了解东西方的管理理论和创新理论是不够的。有了扎实的东西方管理理论，通过参与管理实践，特别是参与研究中国的管理实践——中国 1978 年开启的伟大变革，才能实现理论的提升和升华。我在这里与读者分享的两点，一是与战略管理密切相关；二是与我的个人人生经历与科研经历密切相关，与我在东西方的工作经历有关。因此，本章题目为：东西方管理思想和智慧的融合。

战略管理的视角

在此我想谈两点体会。首先我想与读者分享什么是战略？什么是战略管理？然后，我想与读者分享，从本书的角度我是如何进行战略分析的？东西相逢的视角也非常重要。东西相逢的视角是一种战略对比，只有对比，才能发现强弱、好坏和优劣。

什么是战略（strategy）？

"战略（strategy）"一词的希腊语是 strategos，意思是"将军指挥军队的艺术"，原是一个军事术语。20 世纪 60 年代，战略思想开始运用于商业领域，并与达尔文"物竞天择"的生物进化思想共同成为战略管理学科的两大思想源流。什么是战略？从国家/企业未来发展的角度来看，战略表现为一种计划（Plan），而从企业过去发展历程的角度来看，战略则表现为一种模式（Pattern）。如果从产业层次来看，战略表现为一种定位（Position），而从企业层次来看，战略则表现为一种观念（Perspective）。此外，战略也表现为企业在竞争中采用的一种计谋（Ploy）。这是关于企业战略比较全面的看法，即著名的 5P 模型。

什么是战略管理（strategic management）？

说起来确实复杂，但我在这里进行简化。要想真正了解战略管理，必须了解战略管理的三大支柱：战略定位、战略选择和战略实施。如何进行战略定位、战略选择和战略实施？必须要充分重视内部分析和外部分析。这里说起来容易，但做起来就难了。因为很多人不理解，或似懂非懂。要理解战略管理的步骤是非常困难的。因为战略管理的很多概念是抽象的、理论化的、和哲学有关的。若要学生弄懂战略管理，把其复杂和抽象的概念简单化，战略管理的教授必须谙熟哲学，有很好的理论基础和想象力，别无他途。毫无疑问，我在这些方面花了很多工夫。

至此，你会很容易理解本书为什么拿出大量篇幅阐述哲学和讲述哲学家的故事；为什么阐述儒家和道家学说；为什么讲述北宋大儒张载的故事，深刻分析从张载的"为万世开太平"到"仇必和而解"；为什么讲述范蠡的市场经济理念、王阳明的致良知。他们的哲学思想和智慧精髓是中国和平崛起的基因，是中国社会、政治、经济和环境可持续发展之根。

从战略管理的视角，这些权且作为内部分析。而要做好外部分析，就需要了解英国的崛起和美国的崛起，就需要了解亚当·斯密的《道德论》和《国富论》，创新之父熊彼特，科学管理之父泰勒，现代管理学之父德鲁克，是他们的管理思想和理念引领了西方的发达和现代化达数百年。

中西荟萃，知行合一

王阳明的"知行合一"有两层意思。其一，知中有行，行中有知。王阳明认为知行是一回事，不能分为"两截"，"知行原是两个字，说一个工夫"。从道德教育上看，王阳明极力反对道德教育上的知行脱节及"知而不行"，突出地把一切道德归之于个体的自觉行动，这是有积极意义的。知行二者互为表里，不可分离。知必然要表现为行，不行不能算真知。王阳明认为，良知，无不行，而自觉的行，也就是知。其二，以知为行，知决定行。王阳明认为，"知是行的主意，行是知的工夫；知是行之始，行是知之成"。意思是说，道德是人行为的指导思想，按照道德的要求去行动是达到"良知"的工夫。

毋庸置疑，东西方文明和文化都有过自己一段独立的互不相交的发展史。也就是说，在两种文化真正融汇交流之前，它们就已形成了各自独特的行为系统、独特的价值体系和独特的思想理念。构建中国崛起的软实力，一方面需要传承中华文明、文化、历史中的长处与优点、哲学的精髓，另一方面要能吸收其他文化的精华，以最适当的、有效的方式来融贯中西，这样才能对中国的发展乃至人类的进步做出最大的贡献。

中国和式创新的提出与我个人的人生经历和科研经历密切相关。很多学者习惯于在遇到问题和研究问题时从西方管理理论中寻求答案。我自己也是在1997年辞去企业高管工作到西方学习管理的。我是带着问题到西方做研究的。我注意到从 2008 年以来，即 2008 年华尔街金融泡沫破裂以来，本人的一些思考和一些想法形成发展与演变的过程。首先要与读者分享的是 2009 年我在剑桥大学一次国际会议上的主旨演讲。演讲的题目是：《在当前经济危机形势下的西方管理与中国哲学的融合》；第二，《英伦学人》的专访《后金融危机时代东西方管理思想的融合》；第三，搭建"四座无形的桥"。

我的演讲和访谈的文字有着清晰的记录。

一、在当前经济危机形势下的西方管理与中国哲学的融合

这篇文章转自 2010 年《中国技术管理》国际学术期刊，是我于 2009 年 2 月 28 日在剑桥大学举办的剑桥大学亚洲法律和商业年会上的主旨演讲的摘要。

李华博士 2009 年 2 月 28 日在剑桥大学举办的剑桥大学亚洲法律和商业年会上

分享东西方的管理思想与智慧

写下这个标题，我仍在努力思考着我该传达什么样的关键信息。然而在讨论这场危机之前我更希望分享一个我本人的故事。12年前我从中国来到英国纽卡斯尔。一天，一个图书馆员带着我参观一个地方，实际上是罗伯特·马礼逊曾居住的地方。马礼逊是一位苏格兰著名的传教士，同时也是去到中国的第一位基督教新教传教士。他1782年生于诺斯伯兰郡的莫珀斯，17岁的时候搬到了纽卡斯尔。马礼逊19岁的时候去往中国，25年后他完成了一件大事，他把整部《圣经》翻译成了中文并且为10名中国信徒做了洗礼。1834年，马礼逊在广州逝世并被葬在那里，人们为他修了一座大纪念碑以示纪念。传教之外，马礼逊专注于在商务领域和文化领域（今天可称为MBA课堂）传播知识。这些都对中国的文化和历史产生了影响。马礼逊去到中国后不久，便被问到是否想要对中国人有任何精神方面的影响，他回答："不，但我希望上帝会！"然而，正是他为中国和西方的文化之间建立起了一座桥梁。

斯密在《道德论》中强调了道德和"同情心"，而在《国富论》中强调了市场的驱力和利己主义。由于斯密这两部著作对于西方市场经济和发展所起的重要作用，后人把它们发挥的作用称为"两只无形的手"。这"两只无形的手"也对中国的市场经济发挥了重要作用。我认为这是东西方之间知识共享的经典案例。

世界上最重要的两个大国

一些针对当前危机的研究表明，在过去的30年里，西方政治和经济的共识，以及奉行的是致力于推动"新右派"和经济自由主义观点。它的口号是私有化、自由化和放松管制。这种放任政策被广泛采纳，而其口号的本质则是"公有制都是不好的，私有制才是好的"。"新右派"共识的主要原则是尽量减少国有的活动并最大限度地增加私有领域的活动，尽可能放松市场管制，这导致了"非理性"范畴的增强和"理性"范畴在一定程度上越来越弱。银行业巨头，像Fannie和Freddy在华尔街相继倒塌。之后美国财政部长汉克·鲍尔森强调说，由于他们正在运行一个不该被允许的"有缺陷的商业模式"，所以政府干预是必要的。结果在美国之后，很多西方国家均宣称进入由"次贷危机"导致的经济衰退。

事实证明中国特色的市场经济是成功的。这种经济体制的特点在于政府坚定不移地致力于集西方先进技术与中国软实力于一体推进经济发展。强有力的政策激励增强了政府的信誉和国际投资者的信心。但是，中外合资企业和外资企业的建立在一定程度上使得中国经济变成了出口导向型经济。西方购买力的下降导致数百家工厂的倒闭。作为解决办法，中国政府决定投入4万亿人民币予以刺激来支撑汽车、高铁和钢铁工业。但是，为了中国经济的可持续发展，中国需要适当的、有效的技术以及创新战略来增强其竞争力。

当前的危机已经给世界各地造成了创伤。理想的情况是，世界需要协同努力和一个稳健的解决办法。然而，令人失望的是政客好像在玩一场责备游戏。美国政治家指控中国"操纵"人民币货币。中国回应说："这次金融危机的主要原因是'经济的不平衡'以及'他们有着双赤字且在大量负债的情况下仍然保持高消费'。银行使用了过多的财务杠杆来获得巨额利润，当在这样一个泡沫破碎的时候，整个世界就陷入了一场大灾难。"然而最近，希拉里在她访问中国的时候指出，中美友好关系是21世纪里最重要的友好关系之一。两国在同一个"经济船"中，而且需要在很多问题上达成共识并同进、同退。举例来说，中国是世界上美国国债持有最多的国家。很多人认为如果两国发动贸易战争就必将是一个真正的灾难。

西方管理思想对中国管理哲学——21世纪愿景

我们发现从次贷危机到2008年10月银行业巨头的坍塌，始于美国的经济危及波及整个世界。这是史无前例的。无疑，中国经济虽然得到了控制但也受到了严重影响。中国特色的市场经济引起了世界的广泛关注。鉴于中国巨大的外汇储备，人们认为中国可以对国际金融机构进行资产重组，尤其是国际货币基金组织。中国能拯救世界吗？

在回答这个问题之前，让我们先来谈谈管理。就管理而论，原则上我们常常用20世纪的方法解决21世纪的问题。在人类历史上管理是一项有着良好理论和实践的活动。尽管很多的现代管理理论在19世纪和20世纪有着很好的发展，但是就像之前提到的，《孙子兵法》仍对管理有着非常重要的概念性的影响。我知道如今的剑桥大学有 900 名中国学生。很多中国的年轻人都被鼓励来西方国家谋求管理专业学位。在 21 世纪的当下，我觉得将西方管理思想和中国管理哲学融合之所以重要是基于以下三点原因：

第一，20 世纪 50 年代美国的管理思想在全世界盛行，然而"中国现象"正在改变着世界的知识平衡。中国的企业家正在改变着国际商业模式。随着 20 世纪 70 年代晚期中国开启改革开放，中国商业发展从国内到国际再到全球市场，中国管理思想便在 20 世纪 80 年代出现了。现在中国的管理思想和理论日趋成熟，引起世界瞩目。

第二，在进行中美管理思想的对比时会发现很有趣。人们能够理解美国风格的管理是嵌入在自我实现中的。举个例子，它专注于"目标管理"和"结果驱动"。然而，中国管理重视个人、家庭和政府道德，社会关系的正确性、公正性、真实性，并且坚持儒家思想中"齐己安人"的原则。不仅如此，中国哲学不是单一的哲学而是集合了多种哲学的智慧，有些甚至是矛盾的。古典时期的中国哲学从蒙发经过孔子延续到秦朝末年。这一时期是中国、印度以及希腊哲学的最具有创意和创造力的时期。古代中国有众多的哲学家，群星璀璨，从公元前 6 世纪到前 3 世纪，各派思想家彼此争论，中国人称之为"百家争鸣"的时代。

第三，我可以举出一个案例来说明我的中心论点——20 世纪 90 年代在中国建设完成的横跨黄河流域的小浪底大坝工程。该工程共 4 个建设标段，共投资人民币 300 多亿元，其中世界银行和中国政府各出资50%。在施工高峰阶段，来自51个国家的专家和员工共计20000余人参与其中。这为我研究技术转移、知识转移，并实地观察中外合作伙伴、人与人之间的密切交往提供了一个良好的平台。该项目完工迅速，质量非常好，无论世界银行和中国政府都很满意。这已成为一个西方与中国之间的技术合作及转让的很好的模式，也是西方与中国之间的知识共享的一个成功的示范项目。作为脚注的方式指出，世界银行有一个常常被批评的官僚主义和效率低下的纪录，然而，小浪底工程很大程度上改变了世界银行在人们心目中的形象。

毫无疑问的是，中国的管理学在21世纪的世界管理学领域中占有着重要的地位，但是这并不代表着西方的管理学即将被中国的管理学所取代。同样的，21世纪需要用西方管理思想武装自身，也需要与中国的许多新兴管理学思想进行融合。近年来中国经济的成功推动着技术管理战略创新，人力以及金融资源在21世纪呈现出崭新的面貌。在这样一个时代，人们需要了解中国的管理哲学和西方的管理科学，更需要把中国的管理智慧同西方的管理思想相互结合，融会贯通。

东西方的战略思想因各自不同的信息来源而独立存在，几乎互不相通，它们似乎像是一双筷子，但是总是处于并列和并行的情况。但是在当前的危机情况之下，这两只筷子应该相互交叉，这样东西方才能建立互信，跨出避免战略误判的重要一步。许多作者写道，《孙子兵法》通过战略管理课程已经演变成了一种解决各种问题的普遍范式。在这里,我想传达我的观点,让我们就像《孙子兵法》之中提到的那样"不战而胜",达到共享、共建和共赢。为达此目的,就是要兼容中西,融合东西方管理思想和智慧,除此别无他途。

二、后金融危机时代东西方管理思想的融合

2013 年 2 月,我接受《英伦学人》的访谈。这里的节选有删减。

英伦学人:尊敬的李教授,您好!欣闻您应《哈佛商业评论(中国)》邀请,在成都发表名为《后金融危机时代东西方管理思想的融合》的演讲,深受欢迎,引发热议。我们对这一主题非常感兴趣。每位在英国大学商学院学习管理的留学生都知道,我们到英国就是为了学习西方先进的管理知识和理念。而您却提出了"融合东西方管理思想和智慧",您能不能谈一谈为什么会提出这一主题及其深远意义?

李华教授:首先给《英伦学人》的读者朋友拜年,祝大家蛇年前程似锦!提出这一主题,要回溯到 2009 年的春节,当时我在剑桥大学做访问学者。剑桥大学邀请我做一个主旨演讲,我就问主办方希望我讲什么?主办方希望我对当时也就是 2008 年 10 月爆发的源于华尔街的金融危机讲一个有启迪性的题目。于是我就提出可否讲《金融危机时代东西方管理思想和智慧的融合》。他们欣然应诺。从 2009 年初到现在,在 4 年多的时间里,就这一主题我已经在世界上很多所大学,特别在英国、美国和中国的大学或国际会议上发表演讲。为了便于同学们深入了解这一主题,我想讲讲为什么要融合东西方管理思想和智慧?怎么样去融合?

融合东西方管理思想的必要性和现实意义

为什么要融合东西方管理思想?我作为战略管理教授,由于教学科研需要,一直密切注视、观察、比较、研究东西方管理思想和智慧。我曾在中国企业里工作了15年,而且在英国的多所高校工作,加起来也工作了15年。整整30年,30年来,这个世界已发生了巨大的变化。

在回答这一问题之前,我想把东西方过去30年发生的重大事件作一对照。西方在过去的30年,凯恩斯提出的"新右派"思想占有主导地位。西方政治和经济的共识一直推动经济自由主义观点。口号是私有化、自由化和放松管制,或"量化宽松"。这种放任政策被广泛采纳,而其本质则是"公有坏,私有好"。英国的铁路私有化曾将铁路、车站和火车划归不同的公司。结果是20世纪八九十年代铁路曾发生很多事故,交通部长成了苦差。这一共识的主要原则是减少国有活动,增加私有领域活动,尽可能放松市场管制,这导致了"非理性"领域增强而"理性"领域在一定程度上越来越衰弱。量化宽松带来非理性的"金融模型"出现,导致金融泡沫破裂。像 Fannie 和 Freddy 在华尔街相继崩溃。之后美国前财政部长汉克·鲍尔森强调说,由于他们(指华尔街银行家)正在经营一个不该被允许的"有缺陷的商业模式",

造成华尔街金融大鳄倒闭。结果在美国之后，西方国家均宣称经济衰退。

而中国采纳了前瞻性和应急性相结合的有中国特色的市场经济的"务实主义"战略。事实证明这种战略是成功的。这种务实战略的特点在于政府坚定不移地致力于融合西方资金技术和管理与中国软实力——中国的学习、吸收、消化和创新能力。换一句话，就是融合东西方管理思想。强有力的政策激励增强了政府的信誉和国际投资者的信心。面对西方的经济危机，作为对策，中国政府决定投入 4 万亿人民币予以刺激来支撑汽车、高铁和钢铁工业。谈到中国成就，中国高铁是不得不谈的案例。中国高铁的成功不仅带动了经济的发展而且大大增强了中国的竞争力。

东西方面临不同性质的挑战

英伦学人：我们发现从华尔街的金融危机到其后的欧债危机，这场灾难波及整个世界，这是史无前例的。无疑，中国经济，乃至"金砖"经济体虽然受到了严重影响但逐步得到了控制，中国特色的市场经济引起了世界的广泛关注。中国能拯救世界吗？中国管理思想对西方是否有借鉴意义？

李华教授：在管理领域，我们往往是用 20 世纪的方法解决 21 世纪的问题。在人类历史上管理是一项有着良好理论和实践的活动。西方管理理论完善，内容丰富，结构系统、严谨。然而，西方管理学者未能预见 2008 年发生的金融危机，同时，西方管理面对这场危机也是回天无力。有西方学者提出：面对西方的经济危机，西方战略管理显得力不从心。**西方战略管理的哲学思想出了问题。答案是应借鉴中国古代的哲学思想，特别是"拥抱矛盾"**。中国的成功无疑是东西方管理思想融合的经典案例。答案是肯定的，东方管理思想对当下应对西方的危机具有借鉴意义。对此，我想谈两点：

第一，20 世纪 50 年代西方管理思想特别是美国的管理思想在全世界盛行。西方国家在英国工业革命以后到 19 世纪末和 20 世纪初产生了以泰勒（Frederick Taylor）、法约尔（Henri Fayol）等人为代表的古典科学管理运动，对生产力的发展起到了推动作用。20 世纪中叶产生了以梅奥（Elton Mayo）、德鲁克（Peter Drucker）、孔茨（Harold Kootz）等人为代表的现代管理理论和熊彼特（Joseph Alois Schupeter）创立的创新理论，不仅使西方管理日趋完善，而且对西方的经济发展和社会进步做出了杰出贡献。当代以钱德勒（Alfred Chandler）、安索夫（Igor Ansoff）、明茨伯格（Henry Mintzberg）、波特（Michael Porter）等人为代表的管理学者极大地丰富了西方的战略管理理论。然而，面对西方出现的问题，西方管理却束手无策。"中国现象""中国经验""中国模式"正在改变着世界的知识平衡，影响着世界。中国的企业家正在改变着国际商业模式。随着 1978 年改革开放的开启，中国商务发展从国内到国际再到全球市场，中国管理思想便随之在 20 世纪 80 年代出现了。人们正对中国式管理拭目以待。

第二，我在进行中美管理思想的对比时发现很有趣。美国式管理关注于人的能动性的发挥，寓于"自我实现中"。举个例子，它专注于"目标管理"和"结果驱动"。东方的管理思想以中国为代表，发源于中国古代传统哲学思想，包括易经的阴阳学说、道家的无为学说、儒家的仁爱学说、佛家的慈善学说、兵家的用人学说、法家的崇法学说等，主要的代表人物有孔子、老子、孟子和孙膑等，这些传统的中国哲学思想构成东方管理思想的渊源。其主要特点是以中国传统文化为基础，大量运用哲学的思维方式，在管理实践中以"人本"思想为主，组织中成员之间关系和睦，联系紧密，强调组织文化，集体感强。

中国式管理重视社会、家庭和道德，社会关系的正确性、公正性、真实性，并且坚持儒家思想中"修身，齐家，治国，平天下"的原则。不仅如此，中国哲学不是单一的哲学，而是集合了多种哲学流派的智慧，有些甚至是矛盾的。在古代中国，有着数目繁多的哲学家，"百花齐放""百家争鸣"。这就是中国哲学思想"拥抱矛盾"的根源所在。

英伦学人：您多次提出东西方面临不同的挑战。这些不同点在哪里？和融合东西方管理思想有何关系？

李华教授：我想谈一下西方所面临的挑战，中国企业所面临的挑战以及中国所面临的挑战。东西方面临的挑战有着本质上的不同。西方面临经济发展的问题，而中国面临可持续发展、气候变化、环境污染和知识产权等方面的挑战。首先谈中国企业所面临的挑战。

20年前，西方管理学者断言：尽管中国企业雄心勃勃，但在本世纪难于加入跨国企业行列。事实上中国企业不仅加入了跨国企业行列，而且成为国际上的知名品牌。中国企业成功的案例证明：追随者不仅可以追赶先驱者而且可以通过技术转移、技术跨越和技术创新超越先驱者。一些企业，诸如联想、海尔、TCL和华为在如此短暂的时间内变成了国际知名品牌，吉利在2010年成功收购国际知名品牌沃尔沃后已成为国际汽车行业的领军者。然而，上述企业是中国的标杆企业。中国90%以上的中小型企业还处于学习阶段或者积累阶段。它们专注于资金、人才和技术方面的积累，远远未能达到国际化阶段。但是，中国作为世界第二大经济体，必然意味着大的市场，西方企业蜂拥而上。顿时，很多中国企业开始洽谈国际业务，很多企业被"国际化"了，而这是美丽的陷阱。这是其一。

其二，是中国企业的可持续发展问题。随着时间的推移，中国的管理者们也发现唯西方马首是瞻、完全西化的管理模式并不能解决中国企业发展的特殊问题。中国企业，有些中外合资企业，依赖西方投资技术，依靠西方管理获得快速发展。它们在过去30年的发展过程中，有挫折，有失败，但总体是成功的，但这不能保证在未来30年继续成功。中国企业所面临的挑战是能否可持续发展，激励创新，打造自己的品牌。其出路就是融合东西方管理思想。哲学思想和文化是不同的概念。中国古代哲学思想激励创新。我在我的新书《中国企业竞争力：东西相逢》中作了详细阐述。我想在另一个场合谈这个主题。

再者，在全球化、信息化、数字化和网络化时代，"环球村"这个概念已成为现实。高盛、世界银行、国际货币基金组织、中科院等都对中国何时成为头号经济大国做出了积极肯定的预测。一句话，中国成为头号经济大国的时间已经不远。在环球村中，中国有13亿"村民"。中国的一举一动都受到环球村70亿"村民"关注。世界繁荣稳定是中国的机遇，中国发展也是世界的机遇。如何让西方理解这一战略思维？

西方面临着经济发展的巨大挑战。西方基础设施陈旧，铁路机场都亟待翻新。当下，最棘手的是经济复苏。美国的中国问题专家傅高义（Vogel）最近指出，美国最大的问题在于太"自以为是"，认为美国的制度应成为世界制度的标范。我注意到美国1月24日成立"十万人留学中国"基金会，旨在鼓励美国人留学中国，推动实现2014年十万美国人留学中国的目标，这是好的迹象。

即将卸任的美国国务卿希拉里最近在告别演说中提到，"我们正在试图书写一个老问题的新答案：当一个老牌强国和一个新兴强国相遇时会有何结果？"我认为这是中美所面临的共同挑战。毫无疑问，融合东西方管理思想和智慧将为迎接挑战提供战略思维。

东西方管理思想融合的伟大实践和经典案例

英伦学人：听了您的分析和您对过去30年东西方所发生重要事件的解读，我们深感21世纪东西方管理思想融合的重要性和必要性。请问李教授,有没有这方面的案例?

李华教授: 先从东西方交往的历史来看,东西方有很多先贤辛勤耕耘,搭建东西方交流的桥梁,共享东西方智慧。

我认为,就中国 30 年的务实主义的改革开放而论,中国借鉴了 18 世纪苏格兰经济学家亚当·斯密的"两只无形的手",即市场的驱动力和道德。它分别来自亚当·斯密的《国富论》和《道德论》。中国深刻地领悟了其内涵。我还认识居住在北京的一位加拿大籍的老先生。他叫茅里斯·斯特朗,是安娜·路易斯·斯特朗的亲侄子。他已经 84 岁了。他曾是加拿大的一位内阁部长,退休后长期居住在北京,致力于促进东西方经济文化合作与交流。去年 10 月一天一起吃早餐时他说的话让我回味无穷。他说:中国是一个比资本主义更了解资本主义的国家,比西方更了解西方的国家。仔细品味根据他对于东西方的了解所做出的总结,真是不无道理。改革开放以来,中国约有 250 万人到西方留学,截至 2011 年有 80 万人左右回中国工作。据我了解中国有 10.5 万人就读英国院校。如今仅剑桥大学有上千名中国学生。据 2012 年底的统计数字,中国有 19 万名留学生就读美国院校。中国过去 30 年的成功实际上是东西方管理思想和智慧融合的经典案例。联想收购 IBM 个人电脑部门和吉利收购沃尔沃也是成功的案例。但收购只能是第一步,关键是要让中国雇员和西方的雇员分享公司愿景,统一思想,再创辉煌,他们做到了,这也是东西方管理思想融合的案例。

东西方管理思想融合的战略途径

英伦学人：东西方管理思想如何融合？具体如何操作？

李华教授：至于如何具体操作，我认为应从环球高等教育，从大学开始。最近，我与普利茅斯大学商学院十几位 MBA 授课教授对于如何"融合东西方管理思想"进行了深刻的交流。我首先提出 MBA 项目面临巨大的挑战。当 MBA 一百多年前出现在宾夕法尼亚大学时，其目的是把一些铁路工人培养成管理人员（经理）。看看今天许多大学商学院开设的 MBA 课程，它们的课程设置和最初的设置没有大的区别。MBA 项目应该与时俱进，不能老是强调哈佛如何如何，要意识到世界在过去 30 年发生的巨大变化，要融入中国元素，要有中国案例。MBA 要走特色化道路，融合技术创新与商务管理，融合东西方管理思想。这样才能培养全球化的竞争者。具体来讲可以细化为：在西方的大学授课应加入东方元素和中国的案例，中国的大学也不能总认为管理教材都是西方的好，要有所选择。

我认为：东方的管理哲学里面最经典的思想就是"拥抱矛盾"，东方管理哲学的成功在于它植根于中国博大精深的传统文化。

毫无疑问，中国式管理在 21 世纪的世界管理学领域中占有着重要的地位。但是这并不代表着西方管理即将被中国式管理所取代。最近我在新浪微博（richardlihua）中写道：东西方的战略思想因各自不同的信息来源而独立存在，东西方不同的文化和历史，形成不同的价值观。就像两只平行的筷子，没有交融。这是东西方有时形成冲突、出现问题的根源。筷子交叉才有意义，东西方管理思想交融才能双赢。

作为此次访谈的结束语，我想说："融合东西方管理思想和智慧"有其深刻的理论依据，符合西方的战略管理理论。所谓战略管理，包括战略定位、战略选择和战略实施三大支柱。更确切地讲，怎样进行战略定位、战略选择和战略实施？我们必须进行内部环境分析和外部环境分析。如果你是美国的企业，了解美国或西方的政治、经济和文化等，这只是等于做了内部环境分析。此外，还要做外部环境分析，也就是要了解东方，了解中国和其他新兴经济体，如"金砖"国家。反之亦然，如果你是中国企业，你除了要谙熟中国市场外，还要了解欧美市场。这实际上是要求你融合东西方管理思想。

三、搭建"四座无形的桥"

在此与读者分享"中国技术管理学会"（CAMOT）为构建中国和平崛起软实力的尝试。钟情于东西相逢：融合东西方管理思想和智慧，钟情于技术和创新的战略管理，致力于搭建四座"无形的桥"。这里的节选有删减。

"中国技术管理学会"10周年华诞之际，2016年6月，作者第三次接受《英伦学人》访谈。

发起"中国技术管理学会"的初衷

英伦学人：很荣幸您接受我们的访谈。您所创建的CAMOT

2016年10月将在剑桥迎来10周年华诞。谨代表《英伦学人》向您表示祝贺和衷心的祝福。首先想了解一下您发起CAMOT的初衷。您有哪些想与《英伦学人》的读者分享？

李华博士：好的。先介绍一下背景。1982年，我大学毕业后在中国工作了15年。我曾经做过河南省建设集团的总经济师，豫新国际经济技术合作公司董事长兼总经理。当时，我在国内外从事国际合作项目的过程中，深感我们缺乏技术管理人才。1997年我辞去了职务，来英国攻读博士学位。我的博士论文题目是：中国中外合资企业中的国际技术转移（*International Technology Transfer in Sino-Foreign Joint Venture in China*）。自此，我开始了研究技术转移、技术战略和技术创新之路，特别是中国创新和创新战略。获得博士学位后，我在英国大学一边教书，一边继续从事这方面的科研，并时常出席国际会议。10年前，我发现社会上对待技术管理和创新人才的态度，东西方没有大的差别。一方面是技术管理人才的匮乏，而另一方面现有的技术管理型人才得不到重用。一些大学把技术管理型人才当"皮球"，有些学校会把这些人放在工程技术学院，工程技术学院又感觉不合适，就把他们推到管理学院，管理学院只谈商务管理、人力资源、市场营销和财务管理，但很少谈技术管理和创新管理。MBA对于产品销售兴趣颇浓，殊不知没有技术哪来的产品。今天讲这些事情，人们会觉得是讲笑话，但在10年前这是一种事实。它影响着很多人的生活、家庭和工作，这其中包括我自己。我也很困惑，一直在思考问题的答案。一方面，社会上需要技术管理人才，另一方面技术管理和创新的学者工作和位置又面临着挑战和威胁。于是我决定发起"中国技术管理学会"。这是初衷。

就这样，2006年5月25日，我和一批来自东西方的志同道合的技术管理和创新学者在清华大学召开的"国际技术管理学会"年会上发起成立了"中国技术管理学会"。随后，我们还发起了由英国Emerald Insight出版的《中国技术管理》（*Journal of Technology Management in China*）学术期刊。10年来，世界上发生了翻天覆地的变化，中国也一跃成为继美国之后的第二大经济体。CAMOT就像一只小船，随着中国地位的提高，它的地位也不断提高。它已经成为世界知名的学术组织。

英伦学人： 据我所知，目前在学术界很多教授热衷于建立各种学术团体、学会等，来组织各种学会或论坛、培训等，请问您认为CAMOT与其他学术组织有何不同？它的特点是什么？优势是什么？

李华博士： 首先谈一下CAMOT的特点。我们的一切活动都是围绕中国的技术管理和创新做文章。CAMOT是一个非赢利性组织，与其他组织最大的不同就是：在没有政府资金和企业资金支持的情况下，自2008年起，我们成功地举行了6次CAMOT国际会议和发起了6本国际学术期刊。你会想了解在没有资金支持的情况下，我们是如何支撑的？很简单，我们有一支过硬的团队，大家共享创新愿景，一起打拼。还有，我们有世界一流的优秀的战略合作伙伴，诸如，上海交通大学、香港理工大学、清华大学、剑桥大学等。我希望借此机会向他们道声谢谢，向我的团队成员和会员道声谢谢。

我们最大的优势就是：聚焦"东西相逢"，关注绿色发展和可持续发展，围绕中国创新和创新战略做文章。

10 年辛路历程

英伦学人：从以往 CAMOT 的学会信息中我们了解到，CAMOT 在过去 10 年里取得了辉煌的成就，可喜可贺。请您分享一下。

李华博士：谈不上成就。我想分享一下这 10 年一路走来的历程。简单地说，我们做了两件事，搭建了四座"无形的桥"。

第一件事，成功举办国际会议。CAMOT 为东西方创新管理和技术管理的学者搭建了一个学习交流互动的平台。10 年来，CAMOT 不断成长壮大。2008 年，CAMOT 在对外经济贸易大学成立了第一个技术管理研究中心，并举行了第一次 CAMOT 国际会议，接下来分别在上海大学（2010）、香港理工大学（2011）、上海交通大学（2012）举办了 CAMOT 国际会议。可喜的是 2014 年再次回到清华大学举办了 CAMOT 国际会议，2015 年 CAMOT 国际会议在法国拉瓦谢尔（Groupe Sup de Co La Rochelle）成功举办。CAMOT 举办的每一次会议都富有特色，每次都成功地吸引东西方在技术管理、创新、转移方面的专家学者参加，对中国的管理创新进行分享与探讨，尤其是中国创新和创新战略。这无疑推动了中国的技术转移、技术管理和创新管理事业。从个人层面讲，它改变了很多人的命运和职业发展趋向，也帮助跨国企业在制定技术战略和创新战略方面做了一些实事。

2008年CAMOT国际会议在北京对外经济贸易大学召开

Professor Arnaud De Meyer，前剑桥JUDGE商学院院长，现任新加坡管理大学校长，2008年在CAMOT年会上发表主题演讲

2010 年 CAMOT 国际会议，上海大学

Professor Michael Cusumano 在 2010 年上海大学的 CAMOT 国际会议上发表主题演讲

2011 年 CAMOT 国际会议，香港理工大学

第九章 东西方管理思想和智慧的融合 ◀ 243

2014 年 CAMOT 国际会议，清华大学

CAMOT 战略顾问，清华大学公共管理学院院长薛澜教授，在 2014 CAMOT 清华大学国际会议上做主题演讲

Professor Alan Wildeman，加拿大温莎大学校长，在 2014 CAMOT 清华大学国际会议上发表主题演讲

Ramu Damodaran，联合国学术影响主席，在 2014 CAMOT 清华国际会议上发表主题演讲

选自 2015 CAMOT 国际会议，法国拉瓦谢尔商学院

CAMOT 就像一只小舟，随着中国地位的提高，CAMOT 地位也在逐渐提高。从 2006 年扬帆起航至今，一路风风雨雨，CAMOT 的辛路历程 10 年，也是中国高速发展的 10 年。它见证了中国乃至世界对技术管理和创新的高度重视。2010 年它见证了中国经济超越日本，2015 年它见证了中国"双创"成为国家创新战略的重要组成部分。2016 年在 CAMOT 成立 10 周年之际，我们在英国剑桥大学举办 2016 CAMOT 国际会议并隆重庆祝 CAMOT 10 周年华诞。

第二件事，成功发起 6 本有关中国创新管理和技术管理发展和变革的学术期刊。我们与英国 Emerald Insight 出版公司合作，成功发起 5 本英文核心学术期刊和 1 本中文核心学术期刊：

《中国技术管理》(*Journal of Technology Management in China*)

《中国经济和外贸研究》(*Journal of Chinese Economics and Foreign Trade Studies*)

《中国创业》(*Journal of Chinese Entrepreneurship*)

《中国知识创新》(*Journal of Knowledge-based Innovation*)

《中国科技政策》(*Journal of Science and Technology Policy in China*)

《中国技术管理和战略》

通过举办国际会议和论坛，我们成功架起四座"无形的桥梁"：

（1）东西方学者之间的桥梁。CAMOT 国际会议使用的语言为英语。每次的国际会议都吸引了来自东西方的学者、博士生、教授和研究人员。概括来讲，参加国际会议的主要有下述三种对中国创新和创新战略感兴趣的人：大批来自中国国内的学者、大学校长、企业家和政府官员；大批居住在海外的华人学者、教授、企业家和投资人；大批外国的学者、教授、大学校长、企业家和政治家。我们在东西方学者之间搭建了一座交流的桥梁。

（2）商务管理和科技创新学者之间的桥梁。我们非常注重商务管理和科技创新学者之间的交流和互动。也就是说每次国际会议，我们都鼓励来自商学院和管理学院的老师和研究生参与，同时也鼓励来自工程和技术学院的老师和研究生参会。文理结合，跨学科交往，深层次研讨中国技术管理和创新，常常擦出多姿多彩的火花。

（3）大学校长、管理学院院长和普通教学人员、科研人员以及学生之间的桥梁。我们非常注重学校高层管理人员和教师以及学生之间的交流和互动。我们认为，教育者，包括大学校长、院长和教授，除了教好学生外，一个更重要的任务就是能够缩短大学讲堂和社会大课堂之间的距离；注重学生自信心和领导力的培养，注重就业和创业能力的培养，注重学生的战略思维、创新思维和批判性思维的培养。教育不是把水灌满，而是把火点燃；大学校长应主动倾听一线教学科研人员的声音，主动倾听学生的声音。我们的每次国际会议都有数位大学校长作为主题演讲嘉宾出席。他们与一线教学人员和学生深入交往互动。

（4）我们非常注重大学、政府和业界的互动，也就是学界所说的"三螺旋"。大学校长、跨国企业领导人和政府官员齐聚CAMOT国际会议，深层次探析中国创新和创新战略，中国技术管理，技术转移和技术创新，促进国家创新系统和地区创新战略的吻合和完善。

英伦学人：谢谢您对于CAMOT 10年的回顾和分享。10年来，CAMOT在全世界范围内，在技术和创新的战略管理领域做出了突出的贡献，特别是在中国创新和创新战略，中国技术转移和中国企业核心竞争力研究领域都有重大进展和突破。下面想请您谈一下未来10年的设想。

李华博士：CAMOT 经历 10 年的风风雨雨后，更加强壮。CAMOT 国际会议和论坛重质量，重特色，重层次和重品牌。我们围绕中国创新和创新战略，将出版系列丛书。

我曾经在中国建筑工程总公司工作过，大学毕业后的第一个 15 年都是在建筑业度过的，深知造桥的艰辛。而我所提到的四座"无形的桥"，不是"艰辛"二字能刻画的，不是下一个 10 年就能完成的。它需要更长时间，乃至几代人的努力。它需要我们的坚持和执着。我是一个有激情的人。如果你问管理学院的教授，什么是资源？很多人会回答：人力资源、财务资源和技术资源等。这些回答都正确。但我的答案有补充，激情是最大的、最宝贵的资源和财富。人没有了激情，什么也就没有了。我身边有很多来自东西方的志同道合者，我们会为把这四座"无形的桥"打造得更美好而继续努力！我们将不忘初心，一如既往，把这四座"无形的桥"搭建得更好，更牢固。

我在互联网看到中国发布的《国家创新驱动发展战略纲要》。也就是说，中国向世界郑重宣告，"创新成为引领中国发展的第一动力"。这是中国落实创新驱动发展战略的总体方案和路线图，同时也让世界对未来全面创新的中国有诸多期待。打造创新经济，创新驱动发展是中国未来的必然趋势，中国创新发展理念具有重大的外部性、外溢性和示范性。CAMOT 将充分利用其国际平台的优势，围绕"一带一路"倡议做文章，围绕中国制造 2025 和德国工业 4.0 进行探究，人力弘扬中国和式创新，丰富中国和式创新，促使中国和式创新系统化，与世界共享创新机遇。

2016 年 CAMOT 剑桥大学国际会议

英伦学人： 我们知道 2016 年 CAMOT 国际会议于 10 月即将在剑桥大学举行。请您谈谈这次会议的筹备情况，这次会议与往年的会议有何不同？

李华博士： 感谢剑桥大学，特别是剑桥大学制造研究院。这次会议的筹备情况进展良好。剑桥的会议，我们在 CAMOT 以往的会议上做了适当调整。今年的大会主题是：东西相逢：21世纪全球高等教育通过创新和创业培养承担责任的领导人和全能竞争者。由于这一鲜明的主题，会议得到了国际社会的积极反响。我们的主题演讲嘉宾包括来自美国、英国和中国的大学校长；来自芬兰的省长、英国前体育部长和中国国务院研究发展中心的高级专家。

英国前体育部与旅游部部长 Gerard Sutfliffe 2016 年 10 月 9 日在剑桥大学 CAMOT 2016 年会发表主旨演讲。

有关 CAMOT 剑桥大学国际会议的详情，请浏览 www.camotac.org。

CAMOT 剑桥国际会议与以往会议的不同就是，除了很多教授、博士生参会外，这次吸引了来自美国、英国和中国的大学本科生。我觉得这是一个好现象，大会创新和创业的主题在吸引着他们。我会抽出专门时间给他们办一个创新和创业实践的讲座，还要给他们在 Wolfson College 安排吃顿晚餐，做一次剑桥文化体验。我 2009 年住在那里，我很喜欢，很有学术氛围。

李华博士 2016 年 10 月 9 日在剑桥大学 CAMOT 2016 年会发表主旨演讲

作为脚注，我要说明的是，《搭建"四座无形的桥"》是我 2016 年 6 月接受《英伦学人》专访的内容。CAMOT 2016 年年会已于 2016 年 10 月在剑桥大学成功举办。故在此与读者分享 CAMOT 2016 年剑桥年会的几幅照片。

2016 CAMOT 国际会议，英国剑桥大学

第十章

中国和式创新引领未来

泰山不让土壤,故能成其大;

河海不择细流,故能就其深;

王者不却众庶,故能明其德。

(秦朝)李斯《谏逐客书》

泰山不让土壤，故能成其大

请允许我以中国一个著名的典故来作为本书最后一章的开局。

当年，秦王下决心统一六国的时候，韩国怕被秦国灭掉，派水工郑国到秦国鼓动修建水渠，目的是想削弱秦国的人力和物力，牵制秦的东进。后来，郑国修渠的目的暴露。这时，东方各国也纷纷派间谍来到秦国做宾客。群臣对外来的客卿议论很大，对秦王说："各国来秦国的人，大抵是为了他们自己国家的利益来秦国做破坏工作的，请大王下令驱逐一切来客。"秦王下了逐客令，李斯也在被逐之列。

李斯给秦王写了一封信，劝秦王不要逐客，这就是有名的《谏逐客书》。他说："臣闻地广者粟多，国大者人众，兵强者士勇。是以泰山不让土壤，故能成其大；河海不择细流，故能就其深；王者不却众庶，故能明其德。是以地无四方，民无异国，四时充美，鬼神降福。此五帝、三王之所以无敌也。今乃弃黔首以资敌国，却宾客以业诸侯，使天下之士退而不敢西向，裹足不入秦，此所谓'藉寇兵而赍盗粮'者也"。文中还列举了其他例子来说明逐客的弊处，来劝说秦王。李斯的这封上书，不仅情词恳切，而且确实反映了秦国历史和现状的实际情况，代表了当时有识之士的见解。因此，这篇《谏逐客书》成为历史名作。

我想籍这个典故说明三个问题：

第一，从理论上来讲，历史是不会重复的，但类似的场景和人类的思想和理念应会重复出现。正如在本书第一章中提到的，2016年是标志性的一年，这一年创造历史，标志着后西方时代的来临。尽管2008年华尔街引爆的金融危机使西方经济复苏乏力，然而，"全球化"一词仍是西方政治家口中的热词、高频词。然而，在不到10年的时间里，时过境迁，角色转换。进入2017年，在不到6个月的时间里，国际政治局势剧变。美国在全球化中"撤退"，并不能"让美国再次伟大"。当特朗普宣布退出《巴黎协定》，法国总统马克龙在第一时间发表英文演说，"让地球再次伟大"。马克龙认为，特朗普的决定只会伤害美国国家与人民的利益，并批评特朗普"对美国人民、对我们的地球做出了错误的决定"。对于美欧之间的裂痕，德国总理默克尔直言，"不能再完全依靠美国，欧洲必须把命运攥在自己手里"，没有必要掩饰与美国之间的分歧。由于特朗普执意退出 TPP 和巴黎协定，今天人们热衷的话题是，是否美国主导的全球化转向中国主导的全球化，全球治理的话语权从美欧变为中美欧。英国的脱欧与反脱欧在进入激烈的僵持阶段后，美国的弹劾特朗普与反弹劾特朗普也进入拉锯战。可想而知，在如此政治生态下，经济增长和创造就业机会显然是苍白无力的。

第二，中国从全球化的参与者正在成为主导者。从哲学上说，世界上没有十全十美的事物，因为事物存在优点就把它看得完美无缺是不全面的，因为事物存在缺点就把它看得一无是处也是不全面的。经济全球化确实带来了新问题，但我们不能就此把经济全球化一棍子打死，而是要适应和引导好经济全球化，消解经济全球化的负面影响，让它更好惠及每个国家、每个民族。在世界经济复苏乏力、反全球化浪潮逆流涌动之际，中国坚持全方位开放的态度得到了国际社会的赞赏。中国希望利用经济全球化带来的机遇，通过自身的积极努力实现和平崛起，同时促进经济全球化进程，推进国际秩序的合理变革。

第三，今日世界，前途未卜。挑战层出不穷，风险日益增多，人类去向何处？此时中国，滚石上山；拥抱矛盾，爬坡过坎；与世俱进，风光无限；求同存异，登高望远。

古老的东方大国，何能以昂扬的姿态屹立在时代的潮头浪尖？"泰山不让土壤，故能成其大；河海不择细流，故能就其深。"中国优秀的传统文化不仅仅是中国治国理政的战略资源，中国在参与全球治理过程中也可资借鉴。

【本章概要】

本章首先以"泰山不让土壤，故能成其大"的典故引出世界政治局势变化，东西方角色转换；其次，再次强调了本书的故事主线：从"为万世开太平"到"仇必和而解"，从"仇必和而解"到"中国和式创新"；再者，本章向读者阐述中国和式创新何以破解中国经济近 40 年持续、高速、稳固增长之谜，中国社会、政治、经济和环境可持续发展之根；第四，本章提出"世界将走向何方"的问题，而最后的三节可作为对于"世界将走向何方"问题的回应。

【思考题】

- 如何理解从"仇必和而解"到"中国和式创新"？
- 中国和式创新何以破解中国经济可持续增长之谜，阐释中国社会、政治、经济和环境可持续发展之根，解读中国和平崛起之路径？
- 为什么说中国和式创新引领未来？

从"为万世开太平"到"仇必和而解"

正如本书开篇时指出的，本书以海外看中国的独特视角，从哲学和历史的角度，以创新管理的战略高度，破解中国经济持续、高速、稳固发展之谜，剖析中国社会、政治、经济、环境可持续性发展之根，解读中国创新模式，阐释中国和平崛起的路径。本书进行了一系列战略分析，诸如，中国和式创新诞生的历史背景，当代中国的政治走向，国际政治局势与中国和平道路，"五月花号"与美国的崛起；并分析了中国和式创新的影响和现实意义，诸如，中国和式创新与中国和平崛起，中国创新与世界期盼。就战略管理而言，我希望籍最后一章传递下述观点，权且作为本书的结论吧：

第一，本书以战略管理角度解析了张载的儒家哲学思想和论断。张载的论断之所以能被广泛传颂，是因为它所拥有的"泰山不让土壤""河海不择细流"的包容意识、传承意识和创新意识。我本人最为推崇的论断：一是张载"四为句"中的"为万世开太平"，二是《正蒙·太和篇》中的"仇必和而解"。用今天战略管理的话语讲，如果"为万世开太平"是战略目标的话，那么，"仇必和而解"就是实现这一战略目标的战略选择。"和"是张载哲学体系中的一个重要概念。中国古典哲学的精髓"仇必和而解"，我诠释为：拥抱矛盾，激励创新，引领未来，为万世开太平。

第二，"为万世开太平"之说是中国高超的政治智慧与和平崛起的基因，充分体现出中国古典圣贤智慧的与众不同和中国哲学思想的超越意识。既然胸怀"为万世开太平"的高超智慧凝聚的宏伟大志，势必拥有"仇必和而解"的高超智慧凝聚的创新理念。这是中国古典哲学超越意识的重要佐证。只有超越意识的存在，才能完成向高级文明的转化和升华。

第三，张载的警世名言，不仅是中国古典圣贤的大同理想，天下一家的宣言，而且是世界主义和世界和平的呐喊。在中国传统文化里，中国是中央之国，世界的中心。中国之中，意为天下之中。中者，即中央。天下，即普天之下，相当于当今所谓的世界。在古代，由于视野上的局限，天下主要意指广袤的东亚地域。所谓中国，即中央之国，统摄八荒的意思。由此可见，中国的国名涵义，是建立在深刻的世界观和世界主义之上的。

第四，毋庸置疑，本书要传递的信息十分明确：中国和式创新理论正面回应"历史终结论"。中国和式创新向世界昭示一个中国伟大实践创新的事实。我认为如果把20世纪70年代末开启的中国对外开放解读为中国战略机遇期的1.0，那么于2017年正式开启的"一带一路"倡议，不仅是中国战略机遇期的2.0，也是世界的机遇期。历史没有终结，而是在继续。

第五，本书着重于回答中国是如何崛起的，它从理论上阐释中国崛起，向世界昭示中国和平崛起，解读中国和平崛起的路径。中国和式创新引领中国的社会、政治、经济和环境可持续发展。文明的核心不是冲突，而是包容、互融、互鉴。中国和式创新从理论上正面回应"文明冲突论"和"中美必有一战"都是站不住脚的伪命题。中国和平崛起决不跌入修昔底德陷阱。

从"仇必和而解"到"中国和式创新"

通读全文后，读者不难看出，本书所有故事均围绕一条主线而展开。而这条主线就是：从"仇必和而解"到"中国和式创新"。本书第九章详细阐释了从"仇必和而解"到"中国和式创新"提出的全过程。它呈现的是我提出中国和式创新理论的研究方法和策略；它呈现的是我在战略管理、技术管理和创新管理领域研究方面，特别是战略管理领域所做出的努力，它呈现的是我的思想和理念的演变过程。

有人指出中国的百年耻辱是西方的洋枪洋炮、坚船利炮带来的。然而，西方的洋枪洋炮却渊源于中国的火药和指南针的技术。在过去300年里，西方为何拥有繁荣和现代化，工业革命和工业文明？这里可以用一个词语来回答，就是"创新"带来的。更进一步讲就是技术创新，而且，这种趋势还在继续。

然而，中国在短短近40年内却完成了欧美一两百年才实现的进步。是什么能够使中国在40年里实现如此的突破？这里也可以用一个词语来回答，也是"创新"所致。更进一步讲就是中国的社会创新、政府创新，本书称之为"中国和式创新"。

我从2009年在剑桥发表《在当前经济危机形势下的西方管理与中国哲学的融合》，到《后金融危机时代东西方管理思想的融合》，再到《中国携华夏五千午文明和创新重返世界之巅》，从战略管理和创新管理视角深度探究过去近10年中美发展的路径的异同。2008年后中国和美国应对危机和挑战采取不同的对策，近10年来中国的强劲崛起对美国的急剧衰败是一个不争的事实。究其原因，中国具有强有力的政府，敢于决策又善于决策的政府，具有强大执行力的政府，不断深化改革和全方位创新，不仅仅着重于科技创新，而且着重社会创新、政府创新、理论创新、体制创新和人才创新。中国从追赶到超越，做到了与时俱进，求同存异，和谐包容，拥有独创的社会创新。在社会创新方面美国与中国有近40年的差距。

毫无疑问，中国和式创新拥有广阔的发展空间。

中国经济近40年持续增长之谜

2008年后，中国采取与西方不同的战略措施，因而获得不同的效果。本书充分地论述了中国从模仿创新到自主创新，从最大的发展中国家成为创新大国，中国不靠殖民主义，中国走和平发展的道路，和平崛起。有经济学者指出，中国的强劲崛起带给全世界经济的拉动力量相当于当年大英帝国崛起的100倍，相当于当年美利坚合众国崛起的20倍。更重要的是，正如本书第八章里所阐释的，中国的经济发展已展示出可持续发展的趋势。而且，这种奇迹可以延续。

著名经济学家张五常在论述中国经济奇迹时指出："我可以在一个星期内写一本厚厚的批评中国的书。然而，在有那么多的不利的困境下，中国的高速增长持续了那么久，历史上从来没有出现过。中国一定是做了非常对的事才产生了我们见到的经济奇迹。那是什么呢？这才是真正的问题。"

有关破解中国经济奇迹的密码，人们对于著名经济学家林毅夫教授和著名经济学家张维迎教授的争执和论战已经习以为常了。有学者指出，这个问题经济学家是解决不了的，它必须有更高的理论高度和更宏大的视野。而能解决这个问题的学科，只能是哲学。事实上，越来越多的经济学家开始反思西方经济学，开始超越经济学的领域，直面中国的现实问题。有经济学家开始从历史、文化、哲学等方面探索中国的经济问题。

本书试图以中国和式创新理论从学术上破解中国近40年经济持续、高速、稳固发展之谜，阐释中国社会、政治、经济和环境可持续发展之根，解读中国和平崛起之路径，解读中国创新模式。中国和式创新是一种刚柔相济、智者求同的共建、共享、共赢的战略模式，是中国特色的社会创新，它是对中国社会问题提出的新颖的、创新的解决方案。中国和式创新作为中国社会创新的重大突破，不仅是解决中国社会问题重大战略方案，而且为国际社会政治改革提供可行的战略途径，引领其实现社会、政治、经济和环境的可持续发展。中国和式创新在上层建筑和经济基础两个层面相辅相成，和式创新成为一个民族进步的灵魂。

中国可持续发展之根

海纳百川，拥抱矛盾，这是中国和式创新的出发点。"泰山不让土壤，故能成其大；河海不择细流，故能就其深；王者不却众庶，故能明其德。"

中国和式创新的传承性对于研究中国的和平崛起至关重要。"咬定青山不放松，立根原在破岩中。千磨万击还坚劲，任尔东西南北风"。中国和式创新立根原在"坚"岩中，它是根植于中华文明和文化的，中国自己的、本土的创新理论框架。"自信人生二百年，会当水击三千里"。中国和式创新符合中国的四个自信——道路自信、理论自信、制度自信和文化自信——的精神。

中国和式创新根植于儒家学说的"中""和"文化，"礼之用，和为贵。"凡涉及"中"，必谈"和"。"中也者，天下之大本也。和也者，天下之达道也。而致中和，则天地位焉，万物育焉。"它根植于道家学说对于人类的终极关怀，自然主义和可持续发展观。它渊源于中国古典哲学的精髓"仇必和而解"——拥抱矛盾，激励创新，为万事开太平。中国和式创新从理论上阐释中国社会、政治、经济和生态环境的可持续发展之根。

中国和平崛起的软实力不可忽视

20世纪80年代有新闻媒体问英国前首相撒切尔夫人，中国的电视机已经出口到英国你担心吗？她说，"你不需要担心中国，因为中国只能出口玩具、计算机、电视机，而中国在未来几十年，甚至一百年内，无法给世界提供任何新思想。中国是一个不输出价值观的国家，中国崛起并不可怕。"撒切尔夫人一笑，进一步回答道，"等到中国的节目也输出到英国的时候你再来问我这个问题。"

作为有国际意义的软实力，它必须能回应我们这个世界提出的诸多挑战。当今世界面临四大难题：第一是贫困与发展问题；第二是和平与战争问题，包括恐怖主义问题；第三是不同文明之间的冲突以及包容的问题；第四是生态环保问题。西方模式能解决这些问题吗？迄今为止的经验表明：今天的西方已经自顾不暇，在可预见的未来，也不容易。中国模式，中国和平发展的道路给世界带来了新的希望。

中国和式创新根植于中国古典哲学的精髓，儒家和道家倡导的道德实践，儒家倡导的可持续发展观和道家对于人类的终极关怀。中华文明源远流长，能于艰难困苦之中存亡继绝，延绵至今，成为世界上唯一幸存的不曾断绝的文明，这还得从思想文化的根源上找原因。在中华文明五千年的历史长河中，儒、墨、道、法各家共同开创中国古典哲学。中华哲学思想话语体系特色鲜明，资源丰厚，富有超越意识。儒家哲学和道家学说就像两颗璀璨的明珠，在世界文明中独放异彩。显而易见，中国古典哲学家的双重身份，中国古典哲学的超越意识，中国古典哲学的精髓"仇必和而解""拥抱矛盾"引发"中国和式创新"。

中国和式创新从理论上阐释以下三个问题：

第一，回答"我是谁？"中国是谁？从哪里来？到哪里去？

中国伟大的发展变革实践可以而且应该产生伟大的理论：伟大的中国学。蕴含"中国创新"和"中国管理"的"中国学"可以而且应该能够阐释中国经验、中国模式和中国和平崛起的故事。回答"我是谁？"中国是谁？从哪里来？到哪里去？特别是当中国成为世界第二大经济体的时候，非常关键。今天的中国和39年前的中国，会有不同的认知，不是一个概念。能够回答从哪里来非常重要。只有知道从哪里来，才能更加明白到哪里去。

第二，讲好"中国故事"，增强"哲学话语权"。

中国崛起往往让人联想起历史上西方大国的崛起。然而中国崛起与西方大国崛起不是同一个概念。傅莹指出：国内外对中国崛起的一些"误读"是中国对西方关系发展的绊脚石，也势必阻碍世界对于中国发展和中国模式的理解。西方世界里，中国"威胁论"和中国"崩溃论"的出现，一方面是西方世界很多人放不下对中国的傲慢与偏见，还背着沉重的意识形态的包袱，很难真正认识中国；还有一种趋向，他们把中国经济的快速发展描述为"经济怪物""山寨大国"。还有一种谬论真的是滑稽可笑。它把中国没有恐怖主义解释为中国的"自由主义"。说"因为中国没有信仰，很少人为宗教信仰而献身"。毫无疑问，另一方面，中国也确实需要讲好，讲完善中国故事，增强哲学和创新的话语权，提高自身构建叙事的能力。

殊不知，中国和式创新在上层建筑领域哲学和理念上的创新引领社会和政治的可持续发展。中国独特的政府治理带来了社会稳定才是消除恐怖主义的根本原因。而技术和管理上的创新促使中国打造了坚实的经济和环境基础，引领经济和环境的可持续发展。

第三，中国和式创新：中国特色的社会创新

中国和式创新理论与西方现有创新理论有什么关联和不同？在此我想指出的是：中国和式创新理论应属于西方所说的"社会创新"（social innovation）范畴。

1986年，管理学大师彼得·德鲁克提出"社会创新"的概念。它是指对于某个社会问题提出的新颖的、创新的解决办法。此办法比现有的办法更富有特色，效益更高，效果更好，更加公正和可持续发展。同时它所创造的价值为整个社会带来利益。20世纪90年代以来，社会创新日益受到各国政府、学术界、民间组织和国际社会的关注和重视。中国和式创新作为中国社会创新的重大突破，不仅是解决中国社会问题的重大战略方案，而且为国际社会政治改革提供了可行的战略途径，引领其实现社会、政治经济和环境的可持续发展。

《新华文摘》原总编辑张耀铭指出：在今天的学术研究中，仍大量使用来自西方的知识体系，用西方的逻辑、观点解释中国与中国的崛起。学术主体性的严重丧失，导致在用以观察中国和世界的理论中，处于"双重失语危机"。1949年我们解决了挨打的问题，改革开放解决了挨饿的问题，现在要解决挨骂的问题。不少学者赞同用"中国学"的概念来构建中国学术话语体系：一方面它可以覆盖中国文化的很多领域；另一方面它与国际学术界接轨，民族、国家的边界和学科边界似乎统一。简而言之，"中国学"就是研究中国的学问，是以中国和整个中华民族为对象的学问。当然，中国学不是传统的国学，它"是对传统文化的扬弃和发展"；中国学也不是传统的汉学，"应该强调与中国伟大和丰富的社会经济实践相结合"；中国学应该更加发展基于本土的中国学。中国正处于大变革、大发展、大转型的时代，期待人们用新的视野去观察"中国实践"，用新的思维去研究"中国问题"，用新的理论去诠释"中国道路"，用新的学术话语应答"中国奇迹"。因此，在新的世界格局中建构中国的学术话语体系，是当前中国理论界和学术界面临的一项重大而紧迫的时代课题。清华大学李伯重教授在批评中国学术界西方学徒的心态时指出："许多研究者真正关心的，并不是'中国究竟发生了什么变化'，而是'中国应当发生什么变化'和'中国为什么没有发生它应当发生的变化'，换言之，他们最感兴趣的是如何用近代西方的标准去评判中国的过去和预测中国的未来，而非解释中国过去的实际。"

这些学者对于研究中国崛起，对于中国软实力的构建提出了诚恳而富有积极意义的真知灼见。

世界将走向何方？

基辛格博士在其 2014 年出版的巨著《世界秩序》的结论里首先问了一个问题：当今时代能建立世界秩序吗？

接着这一问题他写道：第二次世界大战结束后的几十年里，

一种世界大家庭的意识似乎即将形成。世界先进的工业化地区因战争而疲倦，不发达地区开始非殖民化进程，重新确立自己的身份。所有国家都需要合作而不是对抗。美国不但没有受到战火的破坏，反而通过这场战争加强了自己的经济实力和国家自信。开始推行它认为适用于整个世界的理想和实践。美国开始接过世界领袖的火炬，并为世界秩序增添了一个新的维度……它把自己的崛起视为自由和民主的扩展，认为自由和民主这股力量能够带来迄今为止遥不可及的公正持久的和平。

在很大程度上，我赞同这一看法。1620年五月花号驶向北美洲的300年后美国强劲崛起，它是英国工业文明的延续，它为美国带来了繁荣和现代化，它奠定了美国的世界霸主地位。美国确实没有受到战火的破坏，但是冷战的结束加强了美国的自负、目空一切和"美国例外论"。"历史终结论"使美国沾沾自喜，但加快了美国走向衰败的速度。阿富汗、伊拉克和利比亚战争纵然使美国受损，但却未能像2008年华尔街金融危机那样使美国伤筋动骨。

然而，2016年的确是标志性的一年，英国的脱欧和特朗普的当选预示着后西方时代的来临。进入2017年，在全球化和自由贸易的故乡，而且作为全球化和自由贸易真正的受益者，反对全球化和自由贸易的浪潮愈演愈烈。崴了脚怎么能埋怨地不平？社会的撕裂和政治上的对立只能使其经济雪上加霜。2016年基辛格博士在回答《日本经济新闻》关于世界秩序的提问时提出

"特朗普将冲击现有世界秩序"。特朗普执意退出 TPP 和巴黎气候条约,美国作为世界领袖确实是"迷失"了方向。

中国的"世界主义"

中华文明具有开放世界主义的特征,并不断吸取外来文化。中华文明的吸收和借鉴能力是非常强大的,比如佛教文化传入中国又转变成为中华文化的一部分。同时由于儒家思想的"宗教特征"比较薄弱,主要涉及社会伦理和社会道德体系,所以,中国人虽然具有强烈的文化优越感,但却没有绝对主义的宗教观点,这是中国文明面对外来文明时异常宽容的原因。由于中国文明具有世界开放主义特征,因此中国人的世界观是"天下"的世界观,虽然带有中国中心主义的观点,但却决定了中国文明本质上是内敛与和平的基本特征。

当今世界,和平发展是社会和经济发展的大趋势。人们需要能拥有富裕的生活,能拥有说话的机会,能拥有稳定的国内环境与和谐安宁的国际环境一心一意谋发展。这个时候,特别需要倡导和平、和睦、和谐理念,培育世界主义精神。

中国拥有近 40 年和平发展经济与和平崛起的宝贵经验,它对于人类的社会和经济发展有借鉴价值。

构建"命运共同体"

"命运共同体"的概念,植根于传承千百年的中华文化。追本溯源，这一概念可以在"和"文化中找到源头。"中华文化崇尚和谐，中国'和'文化源远流长，蕴涵着天人合一的宇宙观、协和万邦的国际观、和而不同的社会观、人心和善的道德观。在五千多年的文明发展史中，中华民族一直追求和传承着和平、和睦、和谐的坚定理念。"

打造人类命运共同体，正是对"世界大同""天人合一"等中华文化的接续传承，同坚持独立自主的和平外交政策、坚持和平共处五项原则、坚持互利共赢的开放战略、坚持推动建设和谐世界等中国外交理念一脉相承。打造人类命运共同体，顺应了当今世界潮流与历史大势，体现了中国在国际事务中的责任担当。

张载视人类与自然万物一体平等的观念，一定程度上超越了以往的天下主义，进入一个新境界。从"为万世开太平"到"仇必和而解"，张载的警世名言，不仅是中国古代圣人大同理想的宣言，而且是中国古圣的世界主义的呐喊。

儒家和道家的政治哲学长期稳定了中国社会和政治局面，促进了社会政治可持续发展。中国哲学家与众不同的特质与特殊身份促使他们创建的哲学和哲学理念也独树一帜。中国哲学具有明显的超越意识。这种超越意识至关重要，这种超越意识引发无限的社会创新。本书详细论述了中国古典哲学的超越意识，张载的"为万世开太平"到"仇必和而解"无疑是中国哲学超越意识的佐证。既然拥有"为万世开太平"的战略目标，就必然拥有"仇必和而解"的博大胸怀和创新理念。"仇必和而解"创新理念引发中国和式创新。

无论是科技进步还是社会繁荣，无论是寻找新的增长点还是应对危机，都必须依靠创新，包括社会创新、理论创新、哲学创新、制度创新、管理创新、技术创新、人才创新、商业模式创新等各个层面。当下的中国深入实施创新驱动发展战略，"大众创业、万众创新""互联网+""中国制造2025"，无疑将为世界经济发展注入新鲜血液。

在传统制造领域，一大批传统制造业企业正在打造新的坐标，实现华丽转身。在数字经济领域，华为、中兴等中国企业已跻身这轮浪潮的市场引领者行列。在互联网经济领域，百度、阿里巴巴、腾讯等企业在国际舞台上星光熠熠。在全球经济复苏进程步履维艰、保护主义和内顾倾向抬头的当下，中国始终坚持开放共赢的原则，欢迎搭乘中国发展的"快车"，分享中国创新机遇。

中国和式创新：引领未来

"中华文化崇尚和谐，中国'和'文化源远流长，蕴涵着天人合一的宇宙观、协和万邦的国际观、和而不同的社会观、人心和善的道德观。对于中国人来说，以和为贵、与人为善，信守和平、和睦、和谐，是生活习惯，更是文化认同。"中国文化不是霸道文化，而是"和"文化。"和"文化就是中国传统文化的核心文化。《尚书》就有"协和万邦""燮和天下"的记述，《周易》中也贯穿着"天下和平"的政治理念，反映着中国古代人们对普天之下芸芸众生"协和""和平"生活的美好憧憬，对国家社稷安定繁荣的无限期望和对万邦归顺、诸侯称臣的和谐天下的向往。

中国和式创新理论的四大支柱，相辅相成，相互依存，相得益彰，各领风骚，助推可持续发展。

"拥抱矛盾"是一种高超的政治智慧和社会发展战略，它引领中国社会和政治的可持续发展；20 世纪 70 年代末中国毅然放弃"以阶级斗争为纲"的继续革命论，可说是"仇必和而解""拥抱矛盾"。这是中国特色的社会创新——中国和式创新。有学者称之为中国特殊历史时期的"北京模式"，这一模式促使社会和政治稳定。这是一种共建、共享、共赢的战略模式。今天世界上的很多热点问题看似棘手，倘若运用拥抱矛盾的战略理念，将会找到合适的解决方案。期待这一模式成为世界模式，与世界分享创新机遇。

"与时俱进"是中国崛起之魂，治国理政之秘籍。它引领中国社会、政治、经济和环境可持续发展；把国家的建设同当今世界先进生产力和人类文明进步的发展方向联系起来，紧扣时代发展脉搏，是时代精神最集中的体现。它更加突出了战略思想的进取性。它昭示和要求人们要有一种时不我待、不进则退的紧迫感，一种深切的历史忧患意识，一种昂扬向上、奋发有为的精神状态，一种不甘落后、奋起直追、实现民族复兴的雄心壮志和能力。

"求同存异"是中国外交政策的基石，是中国参与环球治理价值体系的重要组成部分。它促使中国与世界上大多数国家建立良好有效的外交关系，促使中国走和平发展道路，引领中国和平崛起。"求同存异"的实质是追求内在的和谐统一，和谐而又不千篇一律，不同而又不相互冲突。和谐以共生共长，不同以相辅相成。在处理矛盾时坚持寻求共同基础、保留意见分歧、原则性和灵活性相结合。

"和谐包容"促使中国国内建立和谐、和睦、文明社会，国际上建立包容共赢的国际关系，它引领中华民族的伟大复兴与实现中国梦。和谐包容，是中国古人的一种社会理想，是植根于东方文化的独特价值追求。今天，中国要打造一个"和谐"的国家，就需要在国家治理层面上不断创新。这也是"和谐"与富强、民主、文明一起成为社会主义核心价值观的原因。

本书围绕"中国和式创新"梳理了英国、美国和中国崛起的故事。作为结束语，用今天通俗的语言，假如把英国主导的全球化看作是 1.0，美国主导的 2.0 全球化是西方工业文明的延续和科技创新的此起彼伏和层出不穷，那么，中国主导的全球化必将成为人类创新文明的 3.0 版本。如果说在 20 世纪美国引领的是科技创新，那么，21 世纪中国必将引领世界的是社会创新和政府创新。中国和式创新引领社会、政治、经济和环境可持续发展，它必将引领世界潮流，引领未来。

后记

我是一个有福之人。这次我到中国出差从 5 月 11 日开始至 6 月 11 日整整一个月。在此期间，除了几次就中国和式创新主题受邀到大学发表演讲外，我也和一些对于中国和式创新有着浓厚兴趣的专家、学者、政治家和外交家进行深度访谈，收获颇丰。

在这一个月的时间里，我太太露西和儿子阿雷克斯两次驱车从英国最南部的伯恩茅斯到英国东北部的桑德兰，行程一千多英里，不辞劳苦搬了家。特别让我感激不尽的是，我还有了新的书房，桑德兰书房里的书全搬了过来。在过去的两年里，对于我这个写书人来说，有欢乐，我在皇家巴斯酒店和布朗斯酒吧度过了很多美好时光；但也确实有烦恼，我的书不在我的身边。

但是，与阿雷克斯的交流与辩论常常使我的写作生活充满了乐趣。下面的对话就发生在我回到新家的那个晚上。

"爸爸，您每天这么忙，在忙什么？"

"我在给你写一本书，好好读读这本书，你可以做大事。我的这本书穿越时空，驰骋乾坤，绵亘五千年。"

"我明天带你到海滨散步，看看侏罗纪时代的海滨和岩石，它们可是几万年前的恐龙化石。"

看样子辩论起来我还不是他的对手。

我的新家位于斯沃尼奇 Swanage。斯沃尼奇是英国多塞特郡东南部的沿海城镇和民间教区。它位于 Purbeck 岛的东端，在多切斯特以东 25 英里。2011 年的人口普查显示，民间教区和两个选区的人口为 9601 人。该镇原来是一个小港口和渔村，在维多利亚时代兴盛起来，当时它首先成为一个重要的采石场，这里开采的大理石曾运往伦敦修建伦敦桥。后来这里变成了海滨度假胜地。今天，这个城镇仍然是一个非常受欢迎的旅游度假胜地，在夏季的高峰期，数万名游客来到了镇上，这里著名的海湾、沙滩和其他名胜古迹让人流连忘返。

该镇位于侏罗纪海岸的东端，是英格兰第一个由联合国教科文组织确认的世界著名的文化遗产公园。多塞特郡和东德文海岸现在被公认为对地球科学具有全球重要性。这一海岸之所以特别，是因为在其 95 英里的海岸线上反射了地球 1.85 亿年的历史。漫步这段海岸，脚踏拥有几百万年历史的岩石，实为"穿越时空"。如果你展开想象的翅膀，你可以"发现"地球演变的故事。

该镇包括许多重点文物建筑和两个保护区——天鹅保护区和

赫斯顿保护区。更确切地讲斯沃尼奇是天鹅乐于生活的地方，有人称"天鹅岛"，也有人称"天鹅湖"，从它的英文名称 Swanage 一眼就看出来了。

2017年6月3日，露西和阿雷克斯再次驱车从伯恩茅斯去桑德兰。在路上阿雷克斯听到BBC播报伦敦发生恐怖分子袭击的新闻，尔后他通过妈妈的微信向我播报。美国总统特朗普宣布退出巴黎气候条约的同时面临弹劾与反弹劾的拉锯战，英国首相特蕾莎·梅面临脱欧和反脱欧与恐袭的多重危机。英美领导人如何摆脱危机？年仅8岁的阿雷克斯直言他们应该学习一下中国和式创新。真是童言无忌。

昔日的"日不落帝国"，曾经的世界霸主英国今天为什么危机四伏？当今世界唯一的超级大国，当今的世界霸主美国也为什么危机重重？了解他们从崛起走向衰退背后深层次的原因对于强劲崛起的中国至关重要。这是本书的真实意图。

这本书无疑引起成千上万年轻读者的兴趣，这其中包括阿雷克斯。我最后要说的一句话，如果你们觉得有意义，我也就很欣慰了。这本书是写给你们的，因为你们是中国的未来，世界的未来。

李华

于英国斯沃尼奇（Swanage，UK）

2017年7月16日

参考文献

[1] 习近平. 谈治国理政 [M]. 北京：外文出版社，2014.

[2] 人民日报评论部. 习近平用典 [M]. 北京：人民日报出版社，2015.

[3] 中共中央文献研究室. 习近平关于科技创新论述摘编 [M]. 北京：中央文献出版社，2016.

[4] 陈劲，郑刚. 创新管理：赢得持续竞争优势 [M]. 北京：北京大学出版社，2013.

[5] 钱颖一，等. 创新驱动中国：国家创新驱动发展战略解读及实践 [M]. 北京：中国文史出版社，2016.

[6] 赵中建. 创新引领世界：美国和竞争力战略 [M]. 上海：华东师范大学出版社，2007.

[7] 李稻葵. 重启：新改革时代的中国与世界 [M]. 北京：中国友谊出版公司，2014.

[8] 马丁·雅克. 当中国统治世界：中国的崛起和西方世界的衰落 [M]. 张莉，刘曲，译. 北京：中信出版社，2010.

[9] 李君如. 当代中国政治走向 [M]. 福州：福建人民出版社，2007.

[10] 王岳川. 发现东方：西方中心主义走向终结和中国形象的文化创建 [M]. 北京：北京图书馆出版社，2003.

[11] 周一兵. 方略中国：怎么看治国理政 [M]. 北京：人民出版社，2016.

[12] 弗雷德·R·戴维. 管理科学译丛 [M]. 李克宁, 译. 北京: 经济科学出版社, 2006.

[13] 孔根红. 看清前方的路: 国际政治与中国战略 [M]. 北京: 世界知识出版社, 2015.

[14] 马国川. 看中国 [M]. 北京: 中信出版集团, 2015.

[15] 吕叔春. 孔子大智慧全集 [M]. 北京: 中国言实出版社, 2006.

[16] 格雷厄姆·艾利森, 罗伯特·D·布莱克威尔, 阿里·温尼. 李光耀: 论中国与世界 [M]. 李光耀, 口述. 蒋宗强, 译. 北京: 中信出版社, 2013.

[17] 亨利·基辛格. 论中国 [M]. 北京: 中信出版社, 2012.

[18] 巴蛮子. 老子: 通人情, 懂世故 [M]. 北京: 企业管理出版社, 2006.

[19] 辛本健. 全球治理的中国贡献 [M]. 北京: 机械工业出版社, 2016.

[20] 郑必坚, 基辛格, 等. 世界热议中国: 寻找共同繁荣之路 [M]. 北京: 中信出版社, 2013.

[21] 亨利·基辛格. 世界秩序 [M]. 北京: 中信出版集团, 2015.

[22] (春秋) 孙武. 孙子兵法 [M]. 北京: 中国画报出版社, 2012.

[23] 胡舒立. 新常态改变中国: 首席经济学家谈大趋势 [M]. 北京: 民主与建设出版社, 2014.

[24] 胡适. 哲学的盛宴 (中国篇)[M]. 北京: 新世界出版社, 2014.

[25] 胡舒立, 张剑荆. 中国 2014: 改革升档 [M]. 北京: 民主与建设出版社, 2014.

[26] 沧海月明. 中国圣人王阳明: 一代旷世大儒的传奇人生 [M]. 北京: 中华工商联合出版社, 2014.

[27] 宛华. 中华上下五千年 [M]. 北京: 中国华侨出版社, 2013.

[28] 郑永年. 中国模式: 经验与挑战 [M]. 北京: 中信出版集团, 2016.

[29] 王德培. 中国经济 2017: 寻找经济 "新大陆"[M]. 北京: 中国友谊出版公司, 2016.

[30] 张维为. 中国超越: 一个 "文明型国家" 的光荣与梦想 [M]. 上海:

上海人民出版社，2014.

[31] 张维为. 中国震撼：一个"文明型国家"的崛起［M］. 上海：上海人民出版社，2011.

[32] 张维为. 中国触动：百国视野下的观察与思考［M］. 上海：上海人民出版社，2012.

[33] 约翰·奈斯比特，多丽丝·奈斯比特，等. 中国大趋势：新社会的八大支柱［M］. 魏平，译. 北京：中华工商联合出版社，2009.

[34] 《直播港澳台》节目组. 直说：中国在发声［M］. 北京：中国人民大学出版社，2016.

[35] 度阴山. 知行合一：王阳明［M］. 北京：北京联合出版公司，2015.

[36] 度阴山. 知行合一：王阳明2［M］. 南京：江苏凤凰文艺出版社，2017.

[37] 度阴山. 知行合一：王阳明3［M］. 南京：江苏文艺出版社，2016.

[38] 小阿瑟·A. 汤姆森，A. J. 斯特里克兰，约翰·E. 甘布尔. 战略管理：概念与案例［M］. 王智慧，译. 北京：北京大学出版社，2009.